백만 번의 상상

백만 번의 상상

부산 개금동에서 뉴욕 카네기홀까지

김지윤 지음

서곡:
꿈속에서도 상상했던 무대를 오르며

연주회 시작 30분 전. 나는 카네기홀 대기실에 혼자 앉아 있다. 시간은 어느 때보다 느리고 무겁게 흘러간다. 카네기홀에서 데뷔 무대라니. 아주 어린 시절부터, 심지어 꿈속에서도 나는 이 순간을 수없이 상상했다. 하지만 막상 현실이 되니, 설렘인지 긴장감인지 모를 감정이 밀려온다.

혹시 지금 꿈을 꾸는 걸까? 살짝 볼을 꼬집어봤지만, 물론 아니다. 그런데도 거울에 비친 내 모습이 여전히 낯설게 느껴진다. 멀리서 관객들이 웅성거리는 소리가 들린다. 이제 곧 그들의 기대에 찬 눈빛을 만나게 될 것이다. 머리가 희끗한 무대감독이 무대로 나가는 문을 잡고 미소를 띠며 말한다. "준비되셨으면 문을 열겠습니다."

갑자기 머릿속이 하얘진다. 내가 정말 준비가 되었나? 무대에 오를 때면 언제나 찾아오는 떨림, 익숙한 듯 절대 편해지지 않는 그 느낌이 가슴속 깊은 곳에서부터 되살아난다. 나는 살며시 눈을 감고 내면의 깊은 바다로 헤엄쳐 들어간다. 그러고는 잔뜩 움츠린 내게 용기의 말을 건넨다. "넌 지금까지 충분히 잘 해왔고, 오늘도 잘 해낼 거야. 특별히 부담을 갖지 않아도 돼. 그냥 이 순간을 즐기고 감사하자. 활짝 웃으면서 무대로 나가는 거야."

나는 가만히 심호흡을 하며 천천히 눈을 떴다. 이제 문을 열어도 좋다는 신호로 고개를 살짝 끄덕이고 환하게 웃었다. 이윽고 눈부신 조명과 함께 우레와 같은 박수 소리가 쏟아졌다. 백만 번 넘게 상상했던 바로 그 순간이 눈앞에 펼쳐지는 순간이다.

피아니스트로서 가장 자주 받는 질문은 카네기홀 같은 곳에서 연주하는 기분은 어떤지, 평소에는 어떻게 무대를 준비하는지 같은 것들이다. 사람들은 대개 피아니스트라고 하면 우아한 이미지를 떠올리고, 태어날 때부터 아주 특별한 재능을 타고났다고 생각한다.

　하지만, 적어도 나의 경우는 전혀 그렇지 않다. 물론 나도 그런 특별한 재능을 갖고 싶었다. 그랬다면 수많은 고난을 겪지 않았을 테고, 연주회 때마다 몇백, 몇천 시간씩 연습할 필요도 없을 테니까. 그렇지만 아무리 연습해도 무대는 항상 낯설었고, 연주회를 아무리 멋지게 해내도 무대를 내려가면 다시 연약한 나 자신으로 돌아가 있었다.

　그렇다면 지금의 나를 만든 것은 무엇일까? 바로 절대 포기하지 않는 것이다. 나는 피아니스트이자 음악을 가르치는 선생으로서, 가장 훌륭한 재능은 천재성 같은 게 아니라고 믿는다. 그것보다 훨씬 중요한 것이 바로 끊임없이 상상하고 그것을 이루려 노력하는 재능이다. 아무리 평범한 사람도 포기하지 않고 꾸준히 노력하면 그에 대한 성과를 분명히 얻는다고 믿는다. 그것이 지금껏 수많은 시행착오와 좌절, 그리고 도전을 통해 이뤄낸 연주 인생을 통해서 배운 것이다.

　앞에서 말했다시피, 무대에 서는 일은 시간이 지난다고 해서 절대 쉬워지지 않는다. 그렇지만 바로 그렇기에 그 길이 더 아름답고 값진 것이다. 쉽게 얻는 건 언제나 잃기도 쉬운 법이다. 오직 어려운 일을 포기하지 않고 얻어낸 성과

만이 인생을 계속해서 충만하게 만들어준다.

이제 나는 내 앞에 주어진 길이 힘들다고 투정하거나 좌절하지 않는다. 누구에게나 맑은 날만 있는 것은 아니다. 아무리 철저하게 준비해도, 때때로 예고 없이 불어닥치는 태풍에 휩쓸리는 것이 삶이다. 완벽하게 태풍을 피할 방법이 없다면 어떻게 해야 할까? 거센 태풍을 견디는 법을 배우고, 때로는 그 한복판에서 춤을 추는 여유도 갖는 편이 현명하지 않을까?

이 책을 통해서 나누고 싶은 것도 바로 그것이다. 피아니스트로서, 그리고 평범한 한 사람으로서 인생이라는 무대에서 경험하고 배우고 실천해 온 비법들을 전하려 한다. 이 이야기는 우아한 성공 스토리와 거리가 멀지도 모른다. 그보다는 부딪히고 깨지고 그러면서도 앞으로 계속 나아가려 한 투쟁 기록에 가깝다.

살면서 깨달은 점이 있다면, 맑고 평온한 날도 좋지만 태풍 속을 지날 때 인생이 더 단단해지고 풍성해진다는 것이다. 내가 어떤 어려움 속에서도 행복을 잃지 않는 법을 배운 때도 그런 날들 중 하나였다.

부디 나의 경험이 이 책을 읽는 당신에게 조금이나마 도움이 되면 좋겠다. 대학 입시, 피아니스트로서의 활동, 결혼 생활까지, 어떤 어려움도 나의 꿈을 막지 못했다. 지극히 평범한 내가 당당하게 자랑할 것이 하나 있다면 바로 이점이다. 당신이 포기하지만 않는다면, 누구도 당신의 꿈과 열정을 막을 수 없다. 정말이다. 평범한 나도 해낼 수 있었으니, 당신도 얼마든지 해낼 수 있다.

당신은 인생이라는 무대를 진정으로 즐기고 있는가? 무대 위 화려한 모습뿐 아니라, 그 아래 대기실에서의 긴장되는 순간과 일상에서의 피나는 노력의 시간까지도? 나는 이 책을 읽는 모두가 '그렇다'고 말하며, 인생이라는 무대의 당당한 주연으로 살기를 바란다. 진정 원하는 삶에 대한 가능성을 확신하며 끊임없이 앞으로 나아가길 바란다. 그래서 언젠가 가장 화려한 무대에 오를 시간이 됐을 때, 그 무대의 문을 활짝 열기를 바란다. 오늘도 그 순간을 향해 용기 있게 한 발짝 한 발짝 나아가는 모든 이에게 응원을 건네며.

김지윤

1악장

삶이 아찔한
번지 점프처럼 느껴진다면

한계에 부딪힌 순간이
바로 내가 성장할 시간

지금껏 나는 한 번도 피아노에 대한 내 열정과 사랑을 의심해 본 적이 없다. 하지만 이상하게도 무대에 오르기 전에는 매번 불안했다. 특히 어린 시절부터 나는 무척 예민해서 연주 전에는 항상 뭔가 나쁜 일이 일어날 것만 같은 불안감에 휩싸이곤 했다. 무대에서 작은 실수라도 하게 되면 머릿속에서 부정적인 목소리가 나를 몰아세우기 일쑤였다. '거봐! 내가 말했지? 실수할 거라고!'

연주하러 무대로 걸어 나가는 일이 꼭 번지점프대 끝으로 걸어가는 것처럼 느껴졌다. 몸을 꽁꽁 싸맨 밧줄이 나

를 지켜준다는 것을 알아도, 불안감은 계속됐다. '만약 이번에는 이 밧줄이 끊어져버리면?'

살다 보면, 누구나 이와 비슷한 불안을 곳곳에서 느낄 것이다. 내 경우 그 우려가 처음으로 현실이 된 것이 대학 입시였다. 원하는 대학 진학에 실패하고 만 것이다. 처음엔 힘들었지만, 이상하게도 그렇게 걱정했던 일이 현실이 되니 오히려 마음이 편해졌다. 그래, 오히려 잘됐어. 지금은 더 큰 세상으로 도약할 준비 기간인 거야. 나는 이렇게 마음을 다잡고 대학 시절 내내 더 피나는 노력을 했다. 그렇게 나는 더 큰 무대로 나아가기 위해 유학을 준비했고 마침내 미국 최고의 음악대학원에 진학할 수 있었다.

꿈에 그리던 유학 생활은 말 그대로 천국에 온 것만 같았다. 주변에는 재능 넘치는 친구들이 끝없이 영감을 자극했고, 나도 열정적으로 피아노 연습에 몰두했다. 거기서 나는 박사학위까지 마치며 내가 원하는 모든 걸 다 이룰 수 있으리라는 기대와 희망에 부풀어 있었다. 하지만 문제는 그 이후에 일어났다. 졸업을 해도 아무런 일도 일어나지 않은 것이다. 그야말로 어느 누구도 나를 찾지 않았다.

나는 한순간에 망망대해를 표류하는 신세가 되었다. 나

를 찾는 에이전시도, 잡혀 있는 콘서트 일정도, 이렇다 할 직업도, 수입도 없었다. 밤새도록 쓴 수많은 이력서는 끊임없이 불합격 통지를 받았고, 연주 기획들은 늘 거절당했다.

힘들 때 의지가 되어준 가족과의 관계도 누군가 작정하고 나를 망치려는 것처럼 악화됐다. 박사과정을 마친 그즈음은 결혼한 지 2년이 되었을 때였다. 남부럽지 않은 결혼 생활을 하고 있다고 생각하던 어느 날, 갑자기 남편이 바깥을 살피며 누군가 우리를 해치려 한다며 불안해했다. 덩달아 나도 두려움에 떨며 주위를 살폈지만, 이상하게도 내 눈에는 아무도 보이지 않았다. 의아한 표정으로 다시 남편을 쳐다보았는데 결코 장난을 치는 표정이 아니었다. 그렇게 사색이 된 얼굴은 처음 보았다.

그런 일이 이후에도 몇 번 반복되자 시부모님께 연락하여 남편의 상태를 말씀드렸다. 그런데 전화를 끊자마자 시부모님이 우리의 신혼집으로 찾아오시더니 남편에게 이렇게 말씀하시는 게 아닌가.

"똑바로 말해. 약 어디 숨겼어?"

그제야 모든 상황이 이해되었다. 남편은 결혼 전부터 약물 중독이 심했고, 이 사실을 몰랐던 나는 남편의 중독 증상을 알아차리지 못한 것이었다. 그는 이미 중독에서 벗어날 수 없을 정도로 상태가 심각했다. 나는 점점 더 망가져 가는 그를 바꿔보려고 화도 내고 애원도 하며 매달려봤지만, 결국 그는 중독의 나락으로 떨어지는 삶을 선택했다. 행복할 줄로만 알았던 결혼 생활도 그렇게 끝이 났다.

세계적 피아니스트가 되고자 했던 원대한 꿈도, 사랑이 가득한 가정을 꾸리고 싶었던 결혼도, 이제 나에게는 절대 이룰 수 없는 꿈처럼 아득하게만 느껴졌다. 절망의 연속이었다. 누군가 허락도 받지 않고 내 삶에 침입하여 리셋(Reset) 버튼을 누른 것처럼 모든 것이 하루아침에 무너져버렸다. 나는 하루하루 그저 죽지만 말자는 심정으로 그 지옥 같은 시간을 버텼다.

그러던 어느 날, 나는 지금까지의 인생 전반을 돌아보며 질문을 하기 시작했다. '내가 정말 되고 싶은 게 뭐였지? 내 삶에 결코 포기할 수 없는, 가장 중요한 것은 뭐지?'

정확히 언제부터 삶에 대한 태도가 180도 바뀌게 되었는지는 솔직히 잘 기억나지 않는다. 아마도 그 변화들은 아주 서서히 이루어졌을 것이다. 지난 20여 년이라는 긴 시간 동안 힘든 나날을 겪으면서 말이다.

이제야 내가 인생에 대해 조금 알게 된 것이 있다. 그

것은 바로 인생의 실패와 고난이라는 건 절대적으로 '실패'
라고만 단정할 수 없다는 사실이다. 당시에는 인생이 다 끝
난 듯한 아픔과 어려움일지라도, 시간이 지나고 나면 또 다
른 인생의 페이지를 위해 꼭 필요했던 징검다리였다는 것
을 알게 됐으니까.

금메달리스트의
마음가짐

고등학교 1학년 때였을까. 아무 문제가 없다고 생각했던 나의 삶이 환상에 불과하다는 것을 알았던 때가. 어느 날 엄마는 조용히 나를 불렀다. 그러고는 이제 내가 충분히 자랐으니 아빠와 이혼하겠다는 충격 발언을 하셨다. 엄마 말씀으로는 아빠가 그전까지 다른 여자를 만나왔다고 했다. 그게 무척 화나고 자존심이 상하는 일이었지만, 내가 어느 정도 성장할 때까지 버텨오셨다고도 하셨다. 사실 그때까지만 해도 나는 아빠와 훨씬 친밀했다. 한없이 다정하고 따뜻한 아빠의 모습만 알고 있던 나였기에 엄마의 갑작스러운 얘기를 받아들일 수 없었다.

상상하지도 못한 부모님의 이혼 결정은 지극히 평범했던 학창 시절을 완전히 흔들어놨다. 피아노 연습과 공부를 병행하는 어려움은 이혼 재판이 진행되는 끔찍한 과정을 지켜보는 일에 비하면 아무것도 아니었다. 당시의 나는 정말 아빠가 다른 여자와 바람을 피웠는지, 아니면 엄마가 오해를 하고 있었는지 같은 정확한 사실보다는, 너무나 완벽하게 느껴졌던 가정이 한순간에 깨진 현실을 받아들이기 힘들었다.

엄마는 외갓집으로 떠났다. 그건 이혼이 불러온 변화의 시작에 불과했다. 어느 날 아빠는 나에게 약사나 의사의 길을 걸으라고 권유하셨다. 피아노를 공부하려면 레슨비가 만만치 않게 들어갔기 때문이었다. 나를 위해 무엇이든 해주실 것만 같은 아빠였는데, 그 말씀은 나에게 더 큰 상처가 됐다. 게다가 아빠의 말씀을 따를 수도 없었다.

경제적으로 힘들더라도 피아니스트의 꿈을 응원해 준 엄마와 지내기로 결심한 나는 아빠에게 당분간 엄마와 함께 지내겠다는 짧은 편지를 썼다. 등굣길에 편지 한 통만 남기고, 책가방만 챙겨서 그렇게 집을 떠났다. 사실 그렇게 오래 집을 떠나게 되리라고는 생각하지 못했다. 그저 몇 주 아니면 몇 달 후면 돌아오리라고 생각했던 것 같다. 하지만 내가 외갓집에 들어가 엄마와 한 방에서 겨우 지낼 때에도 아빠는 집을 떠난 나를 찾지 않았다. 그렇게 고등학교를 마칠 때까지 아빠를 다시 볼 수 없었다.

도망치듯 외갓집으로 들어왔지만, 상황이 어렵긴 마찬가지였다. 그때만큼 내가 싫었던 적도 없다. 만만찮은 레슨비를 엄마 혼자 부담하는 상황에도 죄책감이 들었고, 내 앞길을 위해 이 모든 상황을 애써 외면하는 스스로가 이기적으로 느껴져 마음이 너무도 무겁고 답답했다.

당시 나는 부산예술고등학교를 다니고 있었는데, 레슨 선생님이셨던 석경래 선생님께서는 열심히 하기만 한다면 '전공우수'도 노려볼 수 있겠다고 말씀하셨다. 내가 다니던 학교에선 모든 피아노 전공 학생이 한 학기에 한 번 전공 시험을 치렀다. 시험을 위해 특별히 학교 밖에서 심사위원도 초빙했는데, 그렇게 뽑힌 세 명의 학생이 전공우수자라는 명예로운 호칭을 얻으며 전교생 앞에서 연주할 기회도 얻었다. 그건 피아노를 전공하는 모든 학생이 졸업 전에 한 번쯤 도달하고 싶은 목표이자 꿈이었다.

하지만 선생님의 말씀을 처음 들었을 때, 그저 집안 사정으로 힘든 나에게 목표 의식을 심어주고 따뜻하게 위로

하기 위한 말씀이라 생각했다. 그때까지 나는 한 번도 전공 우수를 할 수 있으리라 상상하지 않았으니까.

모든 예술고가 그렇겠지만, 내가 다니던 부산예고 역시 피아노과 학생들 대부분이 늦어도 다섯 살에 피아노를 시작한, 그야말로 자기 동네에서 날고 기던 재능 있는 어린 음악인들이었다. 게다가 피아노 시험에서 전공우수까지 받는 친구들은 이미 그 재능이 소문이 나서 이름도 낯설지 않은 친구들이었다. 사람들의 예상을 벗어나는 친구가 전공우수자가 되는 일은 극히 드물었다. 전공우수자들의 연주는 내가 들어도 저절로 고개가 끄덕여질 정도로 민첩하고 화려하면서도 오점 하나 없이 깨끗했으니까.

나는 피아노를 사랑했지만, 스스로 전공우수라는 타이틀을 얻는 게 불가능하다고, 자격이 안 된다고 여겼다. 전체 피아노과 학생 중 평균 15등에서 25등 사이를 왔다 갔다 했으니, 특별하게 뛰어나지도 그렇다고 아주 뒤처지지도 않는 학생이었기 때문이다.

그랬던 나에게 힘이 되는 말씀을 해주셨던 석경래 선생님과의 레슨은 언제나 설레는 시간이었다. 이탈리아에서 피아노 유학을 마치고 막 돌아오신 선생님께서는 보다 다양한 관점에서 음악을 바라보셨다. 그 시절 우리나라는 대부분 깔끔하고 정갈한 테크닉을 중시했는데, 선생님의 관점은 달랐다. 모든 음악에는 계곡물이 산에서 아래로 내려오는 것처럼 자연스러운 굴곡과 타이밍이 있기 때문에 자연 속에서 그 법칙을 찾아야 한다고 하셨다. 그때 나는 음악의 또 다른 신세계를 경험했다. 좋은 음악은 절대 인위적으로 만들어내는 게 아니고, 개별 음악과 연주자 자신만이 가지고 있는 고유한 흐름을 찾아내 표현하는 것이라는 깨달음이었다.

선생님의 가르침을 내 것으로 만들기 위해 나는 모든 레슨을 녹음해서 틈이 날 때마다 반복해 들었다. 또한 더 깊게 음악에 파고들기 위해 나의 모든 감각을 깨우려 노력했다. 그렇게 온전히 피아노에 몰입하는 시간은 사춘기의 방황과 힘든 가정사를 잠깐이나마 잊게 해주었다. 그렇게 나는 죽기 살기로 음악에만 매달렸다. 어쩌면 그때의 나는 음악을 하며 행복했던 게 아니라, 음악을 해야만 살 수 있는 상태였는지도 모른다. 연습실 밖에서의 모든 슬픔과 괴로움을 온몸으로 쏟아내는 시간을 보내고 나면, 왠지 모르게 내 마음속에 새로운 힘과 에너지가 샘솟는 듯한 기분이 들었다.

그러던 어느 날, 레슨을 마치고 집으로 돌아가는 길이

었다. 문득 걸음을 멈추고 이런 다짐을 했다. 정말 미친 듯이 피아노에 내 모든 것을 걸어보겠노라고. 그전까지 앞으로 피아노로 무엇을 할 것인가에 대해 진지하게 생각해 본 적이 없었지만, 그것은 중요하지 않았다. 나는 단지 노력하기로 결심했고, 그렇게 결심하는 순간 나도 모르게 내 몸 전체에서 따뜻한 기운이 발끝까지 전해지는 것 같았다.

그렇게 치열한 준비 끝에 맞은 전공 시험날이었다. "25번 들어오세요." 드디어 내 번호가 불렸을 때, 겉으로 보기엔 아무도 없는 것처럼 보이던 빈 교실로 걸어 들어가 조용히 피아노 앞에 앉았다. 시험은 비공개로 치러졌기에 모든 심사위원은 커튼 뒤에 앉아 있었다. 아무도 없다고 생각하니 마음이 편했다.

쿵쿵대며 떨리는 마음을 가까스로 진정시키고 눈을 살며시 감았다. 그리고 이내 음악이 나를 이끄는 대로 연주하기 시작했다. 빈 교실은 피아노 소리로 가득 차기 시작했다. 볼 수는 없지만 충분히 느낄 수는 있는 사람들의 에너지와 음악의 힘을 함께 느끼면서 나는 나만의 세계로 빠져들어 갔다. 그렇게 음악과 하나가 된 듯 시작된 연주는 어느새 끝이 나 있었다. 다음 차례의 학생을 부르는 소리를 듣고 나는 조용히 일어나 종종걸음으로 교실을 나왔다.

시험을 마치고 집으로 돌아오는 길에 나는 무언가 말로 설명할 수 없는 전율과 자유를 느꼈다. 그 교실에서 내가 본 사람은 한 명도 없었지만 누군가는 그 음악을 듣고 함께 음악을 느끼며 소통하고 있다는 강렬한 감정 때문에 나는 그 순간에 더 깊이 파고들 수 있었다. 그날은 나에게 그저 의례적인 전공 시험날이 아니었다. 보이지 않는 관객들과 음악으로 연결되고 소통할 수 있음을 깨달은, 잊을 수 없는 연주회를 경험한 날이었다.

그 후로 몇 주가 지났을까. 그날의 기억은 아직도 생생하다. 나는 방과 후 청소 시간에 교실 바닥을 걸레로 닦고 있었다. 친한 친구가 헐레벌떡 나를 찾아 뛰어왔다. "지윤아! 니 지금 피아노 시험 결과 나온 거 봤나?" 내가 영문을 모른 채 눈만 끔뻑이고 있자, 친구가 곧이어 소리쳤다. "야! 니 전공우수다!"

머릿속이 복잡해졌다. '비공개 시험이었기 때문에 내 마음이 더 편했던 걸까? 아니면 그저 시험 날 내 운수가 엄청 좋았던 것일 수도…. 역시 선생님의 가르침이 맞았어' 하며 생각은 꼬리에 꼬리를 물고 이어졌다. 곧이어 나는 이렇게 중얼거렸다. '어쩌면 내가 열심히, 정말로 죽을힘을 다

해 노력했기 때문일지도 몰라.'

그렇게 죽기 살기로 노력했던 그날의 나를 지금도 종종 떠올린다. 특히 무대에서 연주를 할 때면 그 피아노 시험을 치렀던 그때의 감정이 되살아난다. 내 몸 안에 살아 있던 음악의 느낌, 커튼 뒤 사람들과 교감하던 때의 에너지, 온몸이 전율하고 눈물이 날 것 같은 희열, 무언가에 미친 듯이 열심히 빠져들고 그렇게 미치도록 노력한 뒤에만 느낄 수 있는 그 하늘을 나는 듯한 자유로움까지도.

그것은 내가 어떤 것에 몰입해서 최대한으로 노력하고 난 후, 나를 둘러싼 벽을 뚫고 다음 단계로 성장했다는 것을 느낀 첫 경험이었다. 이전까진 경험해 보지 못했던 새로운 단계의 기쁨이었다. 그렇게 나는 내 모든 것을 바쳐 최선을 다해 열심히 일한 후에만 비로소 느낄 수 있는 그 자유로움에 중독되어 버렸는지도 모른다.

스탠 비첨의 『엘리트 마인드』라는 책에서 금메달을 따는 선수들의 마음가짐을 설명한 부분을 읽고 나는 머리를 한 대 얻어맞은 것 같은 깨달음을 느꼈다. 그의 설명에 따르면, 모든 운동선수가 올림픽에 출전할 때 금메달을 딸 것이라는 마음으로 참가하는 것은 아니다. 올림픽이라는 의미 있는 대회에 참가할 수 있다는 것에 만족하고 첫 번째 라운드 경기만 최선을 다하자는 마음으로 출전하는 선수도 많다. 그런데 그렇게 금메달에 대한 기대도 전혀 없고 금메달을 딸 수 있을 거라 한 번도 생각해 본 적 없던 선수가 갑자기 금메달을 목에 거는 기적은 일어나지 않는다.

금메달을 따는 모든 선수는 몇 년의 훈련 기간 내내 금메달에 대한 꿈이 없는 선수와는 전혀 다른 수준의 훈련을 이어간다. 그리고 언제나 '금메달을 딴다'는 강력한 마음가짐으로 훈련에 임한다. 어쩌면 한 선수가 금메달을 따느냐 따지 못하느냐의 차이는 강력한 동기의 유무에 달려 있는지도 모른다.

전공 시험을 앞두고 죽기 살기로 피아노에 매달려보겠다 다짐했던 고등학교 1학년 때의 나는 나도 모르게 금메달 따는 선수의 마음가짐으로 시험에 임하고 있었다. 나의 한계를 극복할 만큼 모든 것을 걸고 집중했던 그 노력의 과정에서 '이 정도면 충분하다'와 같은 협상 따위는 없었다. 그때 내 안에서 내가 반드시 해낼 것이라는 강렬한 믿음이 싹트기 시작했다.

진정한 변화의 시작은 언제나 내 한계의 끝과 맞닿아 있었다. 다른 사람들이 보기에 '충분히 노력하고 있다'고

보이더라도 스스로 그 '충분함' 이상으로 노력했는지, 적당히 대충 노력하고 있는지를 우리는 본능적으로 안다. 내가 움직이지도 않는데 내가 있어야 할 곳에 다다를 수는 없다. 하지만 한 발짝씩 최선의 노력을 다했을 때에는 내가 있어야 할 곳에 어느새 성큼 다가서 있었다.

내가 최선을 다할 때 어떤 모습인지 알게 되자, '더 잘할 수 있었는데…' 같은 후회의 감정이 사라졌다. 그리고 내가 최선을 다해 노력한 일에서 완전히 내 마음을 내려놓으며 진정한 자유로움과 기쁨을 만끽할 수 있게 되었다. 그것이 최선이었음을 아는 이상 '아직' 아무런 일이 일어나지 않는다 하더라도 내 마음에 더 이상의 '후회'라는 감정은 없다. 그렇게 나는 상상하지도 못했던 진정한 성장의 의미를 깨달았다.

언제나 나만은
내 편이 되어주어야 한다

2005년 인디애나대학교 아워 콘서트홀에서 열린 석사 졸업 연주회. 아워 홀은 내가 연주했던 콘서트홀 중에서 가장 음향이 좋은 곳이다. 특히나 콘서트 사이즈의 스타인웨이 피아노 '해럴드'와 함께여서 더욱 반가웠다. 스타인웨이 피아노는 전 세계의 피아니스트가 연주회에서 가장 많이 선택하는 피아노 브랜드다. 인디애나 음악대학에는 아홉 대가 넘는 스타인웨이 콘서트 사이즈 피아노가 곳곳에 배치돼 있다. 어떤 스타인웨이는 독일 함부르크에서 온 유럽풍 악기였고, 어떤 스타인웨이는 뉴욕에서 온 미국 스타일의 악기였다. 그리고 피아노마다 고유한 이름도 갖고 있었다. '조지'도 있고 '다이앤'도 있었는데 나는 뉴욕에서 온 해럴드를 가장 좋아했다. 해럴드를 연주할 때 곡에서 느껴지는 어떤 색깔을 상상하고 그것을 표현하려고 할 때면, 언제나 예상하지 못했던 더 신비롭고 아름다운 음색의 가능성이 펼쳐지곤 했다.

피아니스트들은 어떤 음을 치기 전에 이미 머릿속으로 음색을 상상하고 그 선율을 마음에 그린다. 그리고 내가 해럴드를 연주할 때처럼 상상력을 더 풍부하게 키워주는 훌륭한 악기를 만나게 되면, 피아니스트의 연주는 더 섬세해진다. 내가 특별히 석사 졸업 연주회를 기다린 이유도 해럴드를 연주하며 무대 위에서 나눌 수 있는 둘만의 음악적 대화를 기대했기 때문이었다.

당시 나는 석사를 졸업한 후 박사 과정에 진학하기 위한 오디션을 준비하고 있었을 뿐만 아니라 전문 피아니스트로 활동하기 위해 나의 가능성을 증명하고 싶었다. 그래서 난도 있는 음악들로 선곡하여 연주회를 준비했다.

연주회를 열어주는 곡이었던 하이든의 피아노 소나타 내림E장조는 순조롭게 진행되었다. 해럴드는 여느 때처럼 하이든의 성숙한 음악을 적절히 잘 살려주는 상쾌한 음색을 들려주었다. 나는 해럴드와 나의 대화가 평소보다 더 부드럽게 흘러간다고 생각했다. 연주하는 모든 음들을 음미했으며, 점점 더 나의 연주에 빠져들어 갔다.

그렇게 슈만 환상곡 C장조(Op. 17)로 넘어가 첫 악장을 연주하는 중이었다. 두 번째 테마의 도입부를 연주하는데 갑자기 내 왼손이 도착한 음이 내가 연주하려고 한 화성이 아니었다.

'어? 뭐지? 이 음이 맞는데….'

순간 나는 당황하면서 상황을 정리하려고 다시 왼손으로 연주를 더 이어나가려 노력했다. 분명히 왼손은 이 음이 맞다. 그런데 그다음에 이어지는 오른손은 영 다른 연주를 하게 되었다.

'어떡하지?'

그 순간 갑자기 세상이 잠시 멈추는 듯했다. 관객뿐 아니라 나까지도 숨소리조차 내지 못하는 하얀 진공 상태. 나는 해럴드와 함께 무대 한가운데에서 멈춰버린 듯했다. 그곳에서는 어떠한 소리도 존재하지 않았다. 흔히 사람들은 갑자기 사고가 나면 몸과 영혼이 이탈되는 것 같다고 말하지 않던가. 그때의 나도 그런 상태와 비슷했던 것 같다. 영혼이 몸을 빠져 나와 '어쩌지? 이제 어떻게 하면 되지?' 하고 당황해하는 나의 모습을 몸 밖에서 바라보고 있었다.

영 맞지 않는 음악 속을 헤매면서 어떻게 연주를 이어가야 할지 방황했던 그 시간은 정말 까마득하게 느껴졌다. 슈만 환상곡은 그 실수 이후에도 30분이나 더 남아 있었고, 연주는 계속 이어져야 했기 때문에 나는 첫 악장의 다른 구간으로 뛰어 넘어가 연주를 겨우 끝낼 수 있었다.

남은 연주를 이어가면서 나는 정신적으로 힘겨운 싸움을 해야 했다. 내 머릿속 악마의 목소리는 나에게 냉소적인 톤으로 "대체 무슨 생각을 하는 거야? 그런 엉뚱한 실수나 하다니. 그렇게 해놓고 계속 곡을 칠 수 있겠어? 또 어려운 구간이 곧 나올 건데 어떻게 치는지 한번 보자고! 이번에는 잘 넘어가는 게 좋을 거야" 하면서 나를 조롱했다. 다른 쪽에서는 천사의 목소리가 들렸다. 천사는 따뜻하고 부드러운 목소리로 "넌 누구보다 잘하고 있어. 실수는 누구나 하는 거잖아. 우리는 로봇이 아닌 인간이니까 당연히 벌어질 수 있는 일이야. 이 일도 곧 잊을 수 있을 거야. 괜찮아, 힘내!" 하며 나를 위로했다.

악마와 천사, 두 목소리 모두가 내 연주를 방해하고 있었다. 나는 어서 빨리 이 연주를 끝내고 집으로 돌아가 이불을 뒤집어 쓰고 엉엉 울고 싶은 심정이었다. 그렇게 졸업 연주가 끝난 후 나는 전쟁터에서 막 살아 돌아온 군인처럼 몸과 마음이 황폐해져 있었다.

한 이 주일이 지났을까? 나는 그날의 연주 녹화 비디오를 받았고, 거의 손으로 눈을 다 가리다시피 한 채 재생해 보았다. 그런데 놀랍게도, 당시에는 영원처럼 느껴졌던 그 실수의 순간은 내가 생각하는 것처럼 엄청나게 나쁘지 않았다. 알고 보니 내가 왼손을 원래의 음보다 한 옥타브 더 아래로 치면서 그 음 다음에 진행되는 오른손의 음까지 영향을 끼친 것이었다. 아무리 길어도 한 2분 정도의 혼돈일 뿐이었다.

게다가 그 연주회에 오신 모든 교수님 중 어느 누구도 그 2분 동안의 실수를 언급하지 않으셨다. 오히려 교수님들은 내가 긴 호흡의 음악을 흡인력 있게 잘 풀어냈다고 칭찬하시며 좋은 평가를 해주셨다.

이 일을 겪으며 나는 실수 자체가 문제가 아니라 실수 이후에 내가 극복해야 했던 내 머릿속 전쟁이 더 힘겹다는 사실을 알게 되었다. 그때부터 나는 머릿속에서 그런 혹독한 전쟁을 다시 겪지 않기 위한 해결 방법을 찾겠노라 결심했다. 왜냐하면 이걸 극복하지 못한다면 앞으로도 이 전쟁은 그치지 않을 것이며, 다시는 무대에서의 연주를 즐길 수 없을 것 같은 두려운 생각이 들었기 때문이다. 그때부터 나는 해결 방법을 찾아 나섰다.

콘서트 피아니스트로 수많은 연주를 하면서 배운 게 하나 있다. 그것은 얼마나 노력했는지에 상관없이 내 머릿속에는 언제나 나를 힘들게 하는 악마와 무한한 따듯함으로 나를 격려하는 천사가 동시에 존재한다는 사실이다. 어이없게도 그 둘은 내가 무대에서 연주할 때 더 쉽게 등장하곤 했다. 내가 리허설을 하거나 무대 뒤에 있을 때나 혹은 연습하는 시간에는 모습을 싹 감추고 숨소리조차 들리지 않았다. 그러나 그들은 내가 무대에서 첫 음을 치는 그 순간 오랜 단잠에서 깨어나 아주 시끄럽게 그들만의 대화를 시작했다.

끊이지 않는 마음속 전쟁을 다스려야 한다는 깨달음뿐 아니라 또 하나 중요하게 깨달은 게 있다. 나의 자아는 부정적으로 말하는 악마의 목소리도 인자하게 감싸주는 천사의 목소리도 아니라는 사실이었다. '나'라는 사람은 이 여러 목소리를 중립적으로 듣고 있는 관찰자일 뿐이었다.

지금까지의 연주 중에서 제일 만족스럽고 성공적인 연주회는 내 마음속의 논쟁이 평소보다 더 조용하고 평화로운 날의 연주다. 나는 늘 아무런 논쟁이 일어나지 않는 연주회를 꿈꾸지만 그런 날은 과거에도 없었고, 현재에도 없으며, 또한 미래에도 없을 것을 알고 있다.

다만, 지금의 나는 마음속 목소리를 길들일 수 있고 훨씬 쉽게 예측하며 어느 정도는 통제할 수 있는 단계에 이르렀다. 이 단계에 이르기까지, 나는 매일 일기를 썼다. 누군가는 이런 방법이 어처구니 없을 정도로 단순하다고 생각할지도 모르겠다. 그런데 희한하게도 내게는 통했다.

우선 나는 졸업 연주회에서의 일을 다시 떠올렸다. 그리고 일기장에 악마 같은 부정적인 목소리가 나를 비난했던 비수 같은 말들을 적어 내려갔다. 때로는 악마의 부정적인 목소리가 무엇을 말할지 미리 예상하여 적기도 했다. 그런데 그 내용을 찬찬히 분석하다 보면, 내 마음속 깊은 곳에서 뿌리내려 사라지지 않는 기억인 경우가 많았다. '그 부분에서 그렇게밖에 표현이 안 되니?', '연주 때마다 넌 실수할 거야' 하며 내 상처를 후벼 파는 그 날카로운 목소리들은 어린 시절 부모님, 친구 혹은 선생님이 별생각 없이 던진 말에서 비롯된 것이기도 했다. 그 모든 부정적 목소리는 내 무의식을 대표하고 있었다.

다시 떠올리는 것만으로도 상처가 되는 그 부정적인 문장을 모조리 적은 뒤 나는 그 모든 문장마다 천사의 목소리를 떠올리며 반론을 적어나갔다. 그 말이 얼마나 비논리적이고 부당하며 사실이 아닌지를 말이다. 그때의 천사는 나의 가장 믿음직하고 능력 있는 변호사였다. 나는 보통 부정적인 한 문장에 적어도 다섯 가지의 긍정적이고 따뜻한 반론을 적었다. 이를테면 '음악의 흐름에 모든 것을 맡기고, 내 음악을 듣는 모든 이가 나의 음악을 듣고 행복해지는 모습을 상상해 봐', '피아노를 연주한다는 건 얼마나 행복하고 감사한 일이니'와 같은 말이었다.

여기에 더해 나는 일기장에 나에 대한 긍정적인 자기 암시 문장들을 매일 반복해서 적었다. 예를 들면 "나는 아름다운 음악을 만드는 사람이다", "다른 사람들과 음악을 나누는 건 말로 표현할 수 없을 정도로 큰 의미가 있고 소중하다", "나는 언제나 사랑받고 있고 또 사랑을 나누는 사람이다", "나는 나 그대로 충분하다"처럼 말이다. 그리고 "이 순간 내가 있어야 할 곳은 지금, 바로 이곳이다. 이 순간에 몰입하자!" 같은 문장들은 불안으로 들뜬 내 마음을 가라앉히고, 더 많은 순간을 즐길 수 있게 도와주었다.

그런데 긍정적인 목소리에 힘을 더하기 위해서는 더 섬세한 주의가 필요했다. 부정적 목소리를 피하기 위해 "나는 잘하고 있다"라는 긍정의 목소리에 너무 많은 에너지를 쏟고 집중하다 보면 결국 나의 생각은 내가 집중해야 하는 상황에서 점점 멀어졌다. 그래서 나는 그 긍정의 목소리를 매일 연구하며 어디로 튈지 모르는 마음속 부정적인 생각들에 효과적으로 대응할 수 있도록 연습했다.

그렇게 글쓰기 훈련을 계속하자, 연주 중간에 부정적인 목소리가 아무리 나를 힘들게 하더라도 자동적으로 나를 대변하는 천사의 목소리가 등장하여 준비된 긍정적인 말들로 싸워주었다. 그리고 이 논쟁을 멀리서 지켜보는 '나'는 음악의 감정이나 화성, 리듬, 혹은 내가 만들고자 하는 음색 등 그 순간에 존재하는 음악의 세세한 디테일에 집중하고자 노력했다. 물론 그 논쟁이 아예 들리지 않는 것은 아니었지만, 마침내 그 목소리가 저 멀리 들리는 배경의 잡음처럼 작아져서 나를 직접적으로 괴롭히지 않기 시작했다.

부정적인 생각이라는 괴물은 절대로 영원히 사라지는 법이 없다. 하지만 그 목소리를 길들일 수는 있다. 나는 이제 연주회를 준비할 때 피아노 앞에서 연주를 연습하는 것만큼 중요하게 내 마음과 정신 훈련에 집중한다. 군인들이 팔굽혀펴기나 윗몸일으키기 등의 훈련을 매일 하는 것처럼, 나는 나의 마음을 그렇게 훈련한다.

우리 모두의 내면에는 부정적인 목소리가 있다. 그 목소리는 우리를 따라다니며 끊임없이 나쁜 말들을 지껄이고 마음을 어지럽힌다. 심지어 우리가 약해지는 때를 기다리는 것만 같다. 나의 자존감이 바닥을 쳤을 때, 하는 일이 잘 풀리지 않을 때, 인생의 방향성을 잃고 방황할 때, 몸이 약해져서 하루 종일 힘이 없을 때⋯. 물론 이런 마음 훈련이 만병통치약은 아니다. 하지만 매일의 일기 쓰기는 어려운 일이 닥쳤을 때 긍정적으로 극복할 수 있는 가능성을 높여주었다.

부정적인 생각을 분석하고, 긍정적인 목소리에 더 힘을 보태주는 훈련은 내 마음속에 생겨난 먼지를 터는 일과 같다. 이제 나는 내 앞에 주어진 순간순간을 있는 그대로 담담히 받아들이며 살아가려 노력한다. 언젠가는 무겁게 찌든 때를 벗겨내기 위해 엄청난 에너지를 쓰지 않아도 되는 때가 올 것을 믿으며.

타인이 내 마음에
쓰레기를 버리게 두지 마라

피아노 독주회 이후 한 비평가가 내 연주를 혹독하게 비난하는 글을 그의 블로그에 올렸을 때 나는 터져 나오는 눈물을 가까스로 꾹 참았다. 마침 그때 나는 친한 음악인 친구와 통화 중이어서 친구에게 그 글에 대한 의견을 구했다. 이 친구는 섬세하고 정확하여 판단력이 뛰어난 데다가 아무리 친한 사이라고 해도 절대 입에 발린 말은 하지 않았기 때문이다. 이에 더해 세계적인 음악인들과 활발히 교류하고 미국에서 손꼽히는 음악단체에서 대표를 맡고 있는 터라 나는 클래식 음악에 관한 그의 의견을 다른 누구보다 신뢰했다.

그 독주회에서 나는 무대에 올라 앞으로 연주할 곡을 관객에게 직접 소개했고, 내가 피아노를 연주하는 모습과 함께 곡에 맞춰 제작한 영상을 볼 수 있도록 멀티미디어를 설치했으며, 일반적으로 연주회가 시작되기 전에 나눠 주는 프로그램 책자를 연주가 끝난 이후 관객에게 나눠 주었다. 보통의 클래식 음악회에서 찾아보기 힘든 이 모든 시도는 관객들이 클래식 음악에 더 쉽게 다가갈 수 있기를 바라는 마음에서 시작된 나만의 새로운 방식이었다.

비평가와 동일한 연주회를 본 내 친구는 나의 이 새로운 방식이 관객과 음악을 깊게 연결하는 효과적인 방법이었다고 평가하며, 성공적이고 감동적인 연주였다고 강조하여 말해주었다. 그러면서 자신도 블로그에 올라온 평론가의 그 비평이 예상 밖이었다며 놀라워했다. "그런데 지윤아, 신경 쓸 가치도 없어"라며 그가 덧붙이길, 그 평론가가 하루 종일 되는 일 하나도 없는 힘든 하루를 보낸 끝에 내 독주회에 왔을 수도 있고, 어쩌면 그날 저녁을 잘못 먹고 연주회에 와서 공연을 보는 내내 배속이 불편해서 기분이 나빴을 수도 있지 않겠냐고 말했다. 한 사람의 견해에 너무 신경 쓰지 말라는 의미였다.

그렇게 이해하고 넘어갈 수도 있겠지만, 나는 실망스

러운 마음을 숨길 수 없었다. 그 독주회는 내가 평생을 두고 손꼽을 수 있을 정도로 너무나 기쁘고 성공적인 연주였다. 이 연주회와 같은 경험을 할 수 있길 매일 꿈꾸고 매번 무던히 노력하지만, 그 정도의 단계를 경험하기가 정말 어렵기 때문에 나는 그 연주의 기억을 다시 재생하는 것만으로도 구름 위를 떠다니는 것처럼 황홀했다. 나는 매분 매초 열정적으로 그 순간에 살아 있었고, 음악을 통해 관객과 내가 하나로 강하게 연결된 듯한 느낌을 받았다. 그래서 나는 이 연주가 끝난 후 블로그에 올라올 클래식 음악 평론가의 글이 무척 기다려졌다.

고대하던 글이 처음 올라왔을 때 나는 설레는 마음으로 읽기 시작했다. 그러기를 몇 분이 흘렀을까? 내 얼굴은 곧 딱딱하게 굳어졌고, 호기심으로 가득했던 내 마음은 실망감과 허무함으로 바뀌었다. '이 평론가가 내 연주회에 온 게 맞을까? 내가 다른 연주회 글을 읽고 있는 건 아니겠지?' 하면서 나는 계속해서 내 눈을 의심했다.

나는 관객과 더 소통하고자 대중적으로 많이 알려진 익숙한 곡으로 선곡했지만 그의 취향에 맞지 않았고, 내가 무대에서 직접 곡을 소개한 행동은 그의 비평에서는 군이 필요하지 않았던 의미 없는 시도가 되었다. 나의 의도를 전혀 이해하려고 하지 않았던 그의 비평에서 그는 정통 클래식 피아노 독주회만을 좋은 연주라고 여기는 듯했다. 어쩌면 똑같은 연주회를 이렇게도 다르게, 염세적으로 해석할 수 있을까?

솔직하게 고백하자면 나는 악평에 아주 약한 사람이다. 그래서 부정적인 비평으로 가득한 곳에 있을 때 나는 성장한다기보다 내 영혼의 꽃이 말라 비틀어 죽는 느낌이 든다. 어떤 사람들을 그런 척박한 환경에서 더 강하게 성장한다고 하지만, 나는 전혀 그렇지 않았다. 오히려 어렸을 때부터 나는 칭찬과 긍정적인 자극에 더 힘을 받곤 했다. 나의 엄마와 어릴 때 나를 돌봐준 유모 언니인 남이 언니는 언제나 나에게 따뜻한 에너지를 불어넣어 주었다. 엄마는 늘 나에게 눈을 맞추며 사랑한다고 말해주었고, 남이 언니는 내가 피아노를 연습할 때 옆에서 환하게 웃는 얼굴로 몸을 둥실둥실 움직여 춤을 추기도 했다. 그렇게 나를 응원하는 사람들 사이에서 나는 다른 사람들의 시선에 아랑곳하지 않고 내가 좋아하는 노래를 목청 놓아 부르는, 음악을 사랑하는 밝고 순수한 아이로 컸다.

그렇게 자란 나였기에 그 부정적인 리뷰를 마음에서

완전히 털어버리기까지 적어도 한 삼사일은 걸린 것 같다. 평소보다 조금 더 오래 걸린 것을 깨닫고 나는 혼자서 중얼거렸다. "이번엔 웬일로 내가 내 마음을 흔들리게 허락했구나. 지윤아, 정신 차리자!"

음악계는 어둡고 부정적인 세계와 너무나도 가깝다는 걸, 나는 누구보다 잘 알고 있다. 이곳은 어떤 유명 콩쿠르에 입상만 하면 앞으로의 미래가 완전히 보장되는 것처럼 보이는 화려하고 어두운 환상과 그 속에서 점점 자신을 갉아먹는 어린 음악가 지망생들이 넘쳐나는 곳이다. 부정적인 연결고리로 가득 찬 이런 환경 탓에 연주자들은 음악에 대한 열정이나 재능이 부족해서가 아니라 마음이 너무 힘들어서 살아남지 못한다.

내 주변의 수많은 음악인들도 자신이 참여했던 콩쿠르에 입상하지 못할 때마다 "나는 역시 안되는 놈이야. 이제 음악 따위 때려치우고 카페에서 아르바이트나 해야겠어"라고 말하며 자신의 실망감을 더 무겁게 짓누르곤 했다. 그렇게 그들은 심사위원들의 심기를 거스르지 않는 '안전한 연주'를 하지 못했기 때문에 자신이 인생을 바쳐 사랑한 음악을 포기하기도 했다.

정확한 이해를 위해 설명하자면 어떤 저명한 콩쿠르에

입상하기란 전 세계 음악인 중에서도 0.00001퍼센트만이 가능한, 그야말로 낙타가 바늘구멍에 들어가기보다 어려운 일이다. 게다가 콩쿠르에 입상을 했다고 하더라도 그 이후 펼쳐질 음악가로서의 인생이 모두 성공하는 것은 더더욱 아니다. 그들은 그들보다 더 나은 1등이 계속해서 쏟아져 나오는 이 세상에서 또 다른 콩쿠르에 계속 참가해 자신이 다른 사람보다 더 괜찮은 음악인이라는 걸 세상에 끊임없이 증명해야 한다.

다른 사람과의 피 말리는 경쟁은 언제나 괴로웠다. 그뿐만 아니라 자신의 지위를 악용하여 심한 말들로 학생을 모욕하고 정신적으로 학대하며 이를 '레슨'이라 포장하는 교육자도 너무나 많았다. 그들은 학생의 연주가 쓰레기보다 못하다고 소리 지르며 악보를 바닥에 던져버리거나, 하루에 7시간 이상 연습 못 할거면 그냥 지금부터 때려치우라는 말도 일상적으로 내뱉는다. 그런 선생님들은 자신이 지도하는 학생이 자신만의 음악 세계를 완성하여 독립적인 연주자로 인정받는 순간을 전혀 상상할 수 없는 일인 것처럼 여겼다.

나는 정신적인 학대나 건강하지 않은 다른 사람들과의 경쟁 속에서 음악 활동을 지속한다면 내가 사랑하는 음악을 오래도록 연주할 수는 없을 것이라 확신했다. 그래서 나는 다른 사람의 가혹한 이야기가 내 삶을 갉아먹지 않도록 최선의 노력을 다했다.

가장 먼저 세상에서 인정을 받으려 하기보다 나 스스로의 음악적 발전에만 최대한 집중했다. 석사와 박사 학위를 하는 내내 나는 다른 것은 신경 쓰지 않고 나만의 레이스를 이어갔고, 세계적인 음악가들과 교류하면서 공부에 몰두했다. 또한 '성공한 음악가'가 되기 위해서는 필수로 거쳐야 한다고 여겨지는 콩쿠르에도 거의 참여하지 않았다. 그런 대회들이 내 음악 인생에서 반드시 필요하다거나 중요하다고 생각하지 않았기 때문에 내가 먼저 나서서 콩쿠르를 준비하고 참가한 적이 손에 꼽을 정도로 드물다. 내가 주로 나갔던 대회를 생각해 보면 입상을 할 경우 오케스트라와의 협연이나 연주 기회를 주는 식으로 '연주' 그 자체가 목적이 되는 대회였다. 그래서인지 대회에 참여할 때도 입상에 대한 부담감보다는 내가 해석한 연주를 마음껏 펼쳐 보일 수 있다는 즐거움이 앞서곤 했다.

나를 지키기 위한 또 다른 방법으로 나는 진정으로 나를 성장시킬 수 있는 최고의 선생님을 만나기 위해 온갖 노력을 기울였다. 나는 비평과 권위, 그리고 엄격함으로 학생을 대하는 선생님과 맞지 않는다는 것을 스스로 너무나 잘 알고 있었다. 훌륭한 선생님, 인지도가 높은 선생님일지라도 가르치는 방식에 인신공격이나 비난이 가득하다면 나는 그분과 함께 공부하는 것을 과감하게 포기했다.

한 분야의 대가이면서 긍정적인 태도로 용기를 북돋아 주는 선생님을 만난다는 건 사막에서 오아시스를 찾는 것만큼이나 어려웠다. 그럼에도 언제나 더 발전하고 배우기를 갈망했기에 가르침에 목이 마를 수밖에 없었다. 이 극심한 갈증을 해소하기 위해 나는 훌륭한 선생님을 찾기 위해 나보다 먼저 공부해온 학생들에게 연락을 돌렸다. 나의 고민을 솔직하게 토로하자 사려 깊은 친구들이 자신의 경험을 기꺼이 나눠 주었다. 그들은 어떤 교수님이 매주 다른 30분짜리 베토벤 소나타를 외우도록 과제를 내준다거나 어떤 교수님의 수업을 들으면 울지 않고서는 연습실을 나올수 없을 것이라는 인터넷 어디에도 나오지 않는 정보를 알려주었다. 그렇게 나는 친구들의 도움을 포함해 수많은 연구 조사를 거쳐서 나에게 맞는 선생님들을 만날 수 있었다.

상처받는 것이 두려워서 나를 보호하기 위해 집 안에

만 틀어박힌 채 누구와도 음악적 교류를 하지 않는다면 내 자아는 왜곡되고 세상에 음악을 알리고자 하는 나의 열정 또한 꺾였을 것이다. 그렇게 용기를 내서 바깥세상에 나를 드러내고 세상과 음악을 나누려 하면 아무리 피하려 노력해도 염세적이고 비난 가득한 현실은 나를 호락호락하게 내버려두지 않았다. 부정적인 외부의 환경이 내 마음속으로 파고들 가능성도 점점 더 커졌다. 이때의 부정적인 반응은 나를 성장하게 하는 건설적인 피드백이나 충고와는 차원이 다르다. 유튜브 채널에 연습 노하우를 공유하거나 연주 실황이 담긴 영상을 올리면 매번 찾아와 '싫어요' 버튼을 누르고, 비난과 부정적 목소리가 담긴 악성 댓글을 열심히 남기는 사람들은 언제나 존재한다.

그럴 때마다 나는 친구 앨런 브라운이 건넨 조언을 떠올린다. 내 영혼까지도 충만하게 채워주었던 독주회에 대한 평론가의 부정적인 리뷰에 힘들어할 때 그는 나에게 이런 이야기를 했다.

"만약 누군가가 너의 집에 허락도 없이 들어와서 거실에 엄청난 양의 쓰레기를 버리고 갔다면 어떻게 할 것 같아? 너는 네 집에 그 더러운 쓰레기를 버리도록 허락할 것 같아? 당연히 아니겠지! 네 머릿속도 마찬가지야. 다른 사람이 함부로 쓰레기를 버리지 않게 너의 마음을 가장 먼저 지켜야 해."

그렇다. 우리는 무엇보다 '부정적인 생각과 의견일 뿐'이라는 침략으로부터 내 마음을 굳세게 지켜낼 수 있어야 한다. 우리의 삶은 그런 부정적인 사람들 없이도 충분히 힘들다.

이제 나는 모든 의견이 다 옳다는 생각을 바꿔서, 외부에서 오는 독성 강한 피드백으로부터 스스로를 지켜낼 수 있는 선택권이 있다고 생각하기로 마음먹었다. 그러기 위해 나는 처음부터 나에게 상처를 줄 수 있는 권한을 외부에 위임하지 않으려 노력한다.

나는 음악과 내 인생의 여정을 꾸려나가는 데에만 에너지를 집중하고, 당당히 고개를 들고 환하게 웃으면서 내가 가야 할 길을 한걸음씩 걸어 간다. 그리고 내 인생에서 독이 되는 사람들을 무던히도 열심히 걸러낸다. 그러면서 이렇게 마음을 다잡는다. '이 세상 어느 누구도 내가 허락하지 않는 이상 나의 삶이라는 정원을 마음대로 짓밟을 권리는 없다.'

나는 인생을 통해 '부정적인 상황을 피한다'는 것이 '약하다'는 것과는 완전히 다른 의미임을 배웠다. 그것은 타인의 피드백에 쉽게 노출되어 있는 우리가 반드시 배워야 할 인생의 지혜다. 부정적인 말들 혹은 부정적인 사람들에 맞서서 정신적으로 피 터지게 싸우면서 나의 마음을 계속해서 다치게 하는 것은 인생에 아무런 의미가 없었다. 이제 나는 현명하게 피하는 쪽을 선택한다. 그것을 향해 어떠한 반응도, 심지어 작은 에너지조차 내어주지 않는다.

이제 나는 내 머릿속에 작은 지우개를 준비한다. 이 지우개는 내 마음속에 깊게 파고들어 시도 때도 없이 문득 떠오르는 나쁜 생각을 지우는 지우개다. 지우개로 부정적인 생각을 깨끗이 지워내는 상상을 하는 것만으로도 나는 의지적으로 나를 옭아매는 생각에서 한 걸음 멀어진다. 그렇게 나는 내 마음을 내가 원하는 방향으로 이끌고 선택할 수 있음을 되새긴다.

때로는 실패도
꼭 필요한 퍼즐이 된다

　　수많은 경험이 쌓였지만, 연주회는 여전히 떨린다. 아마도 내 평생 그럴 것이다. 그럼에도 지금의 나는 더 이상 무대를 두려워하지 않는다. 그리고 그 떨림이 모두 나쁜 것은 아니라는 사실도 알고 있다. 나에게 그 떨림은 음악을 관객과 나누면서 음악으로 교감할 수 있다는 기대에서 비롯된 설렘에 더 가깝기 때문이다. 그렇게 번지 점프대 위에 선 듯 두려움에 떨며 무대로 향했던 나는 이제 꽃잎이 흐드러지게 깔려있는 꽃밭을 걷는 것처럼, 기쁨 가득한 미소를 가득 안고 관객들을 향해 힘차게 걸어간다.

　　그렇다. 내 발걸음은 슬픔과 함께 추는 기쁨의 춤이다.

이제는 분명히 안다. 나는 또 실패할 것이다. 그것도 반복해서. 나는 사랑하는 사람을 잃거나 내 삶에서 소중한 것들을 끊임없이 잃을 것이고 이 모든 상실의 과정을 겪으며 마음이 견딜 수 없을 정도로 아플 것이다.

이 불변의 진리를 온몸으로 받아들이고 나니 지금 무엇을 겪고 있든지 간에 내가 해야 할 일들이 좀 더 뚜렷해졌다. 인생의 겨울을 지날 때 그 차디찬 바람과 폭풍을 맞으면서도, 이 겨울의 시간이 결국에는 나에게 봄이 오기 위한 과정이며 지나가야 할 징검다리일 뿐이라고 믿고 그 시간을 견뎌내는 것이다. 그리고 그 어려움을 '나쁘다'고 규정짓지 않으려 한다.

만약 당신이 지금 그 폭풍 안에서 아픔을 견뎌내고 있다면, 긍정적인 마음을 갖기란 불가능하게만 느껴질 것이다. "이렇게 아픈 것을 보니 내가 더 성장하려고 그러는가 보구나!"하면서 기뻐하는 사람은 아무도 없을 것이다. 그렇지만 인생의 어두운 굴곡으로 내팽개쳐져 힘든 역경을 맞이할 때 우리는 누구보다 자신을 존중해야 한다. 그건 내 자신을 더 힘들게 몰아세우거나 부정적인 생각을 거듭해 스스로의 어깨를 더 짓누르지 않는 것을 뜻한다.

나는 내가 다른 사람보다 더 특별한 재능이 있다고 생

각하지 않는다. 물론 어려운 일에 부딪힐 때마다 내 능력이나 기회가 부족함을 탓하며 '나는 여기까지구나' 하고 쉽게 포기하고 싶을 때도 있다. 하지만 끝까지 노력한다면 결국 성장할 수 있다는 공식을 마음속 깊은 곳에서부터 이해하게 되자, '이렇게까지 노력한다고 뭐가 달라지겠어?' 하는 패배 의식과 '이번에도 안되면 어떡하지' 하는 두려움이 사라졌다.

더 나은 단계에 도달하기 위해 내가 최선을 다해 노력할 때 나를 구성하는 어떤 핵심적인 가치관이 변화한다고 믿는다. 그것은 다른 누구와의 경쟁에서 얻어지는 게 아니다. 오히려 다른 사람과의 경쟁은 정신에 독이 되는 경우가 더 허다했다. 나는 언제나 내가 만들어낸 나만의 레이스에서 나와 경쟁한다. 그렇기 때문에 그 경쟁에서 나는 내가 어디로 가야 하는지, 얼마나 더 성장해야 하는지 불확실한 상태에서 앞으로 나아간다. 그런데 그렇게 확신 없이 앞으로 나아가려고 노력할 때 더 뛰어난 결과가 나오곤 했다.

돌아보면 나는 정말 기적의 연속과도 같은 인생을 살고 있다. 고등학생 시절 내가 전공우수를 받으리라는 생각은 꿈에도 하지 못했고, 카네기홀에서 연주한다는 건 나에게 판타지 영화에서나 나올 법한 일처럼 느꼈다. 또한 내 연주를 듣고 수많은 사람들이 감동을 받았다며 소감을 전하고 그렇게 내 음악으로 긍정적인 변화를 끌어낼 수 있을 것이라고 전혀 기대하지도 않았다. 내가 단지 나의 한계를 극복하고 어제의 나보다 더 성장하고자 노력한 일은 결과적으로 더 발전된 인간으로 성장하는 최고의 선물을 선사하곤 했다.

그렇다면 그 길고 힘겨운 겨울이 끝났다는 걸 어떻게 알 수 있을까? 내 인생의 겨울은 가끔 몇 년에 걸쳐서 지속된 적도 있었던 것 같다. 그런데 나의 봄날은 언제나 소리 없이 찾아왔다. 어느 날 길을 걷다가 햇살이 참 좋다고 느낄 때, 마음이 힘들거나 슬프다고 생각하지 않는 날들이 더 많아질 때, 길에서 우연히 본 꽃이 참 예쁘다고 생각하고 향기를 맡으면서 미소 짓는 것을 느낄 때처럼 말이다.

지금은 비록 이해할 수 없다고 하더라도 내가 겪어야 하는 이 실패와 아픔은 내 인생의 그림에서 반드시 필요한 아름다운 퍼즐 한 조각이다. 그렇게 내 모습을 담담히 받아들이는 게 진정으로 나를 존중하는 일이 아닐까? 거센 눈보라를 맞으며 힘든 그 겨울을 묵묵히 지나가리라. 언제나 그렇게 봄날이 온다.

프레데리크 쇼팽, 왈츠 7번(Op.64 No.2)

쇼팽은 어떤 형식이건 반드시 피아노가 들어가는 곡만을 작곡했기 때문에 '피아노의 시인'이라 불린다. 게다가 그는 독특하고 낭만적인 피아노 음색과 피아노 기법을 처음으로 정립한 음악가이기도 하다. 이처럼 쇼팽의 음악은 피아노와 떼려야 뗄 수 없는 단짝 친구 같은 관계다.

10대 시절의 내가 흔히 '흑건'이라 불리는 쇼팽의 연습곡(Op.10, No.5)을 처음 연주했을 때가 아직도 생생히 기억난다. 악보를 따라 연주하자 한 번도 들어보지 못한 피아노의 선율이 흘러나왔다. 하지만 놀라움은 곧이어 걱정으로 바뀌었다. 그 멋진 곡을 연주하기 위해서는 엄청난 테크닉이 필요했으니까.

쇼팽의 음악이 매력적인 이유는 아마도 그의 음악을 처음 듣는 누구나 이해할 수 있는 감정이 음악에 깊이 녹아 있기 때문일 것이다. 그는 자신의 음악에서 사랑이라는 감정을 누구보다 섬세하고 화려하게 그리면서도 어떤 모순된 아름다움까지 표현했다. 마치 입은 웃고 있지만 눈에는 눈물이 고여 있다거나, 너무 행복하지만 슬픈 감정이 함께 느껴지는 것과 같은 모순된 감정 말이다. 그래서 그의 음악에는 언어로 표현하지 않아도 감정으로 느껴지는 인생의 참된 모습이 담겨 있다.

쇼팽을 떠올릴 때면 나는 어린 시절부터 함께해 온 아주 친한 동네 친구 같은 느낌이 든다. 무대에서 연주를 하든 혼자 연습하든 상관없이 쇼팽의 음악과 대화하는 건 언제나 즐겁고 그 순간이 기다려진다. 그의 음악에는 분명 사람을 이끄는 매력이 있다.

1831년 쇼팽은 러시아의 혹독한 탄압을 받던 폴란드

에서 망명하여 파리에 도착했다. 당시 파리는 수많은 예술가들이 모여 사는 곳이었다. 파리에 도착한 그는 특유의 음악성으로 엄청난 반향을 일으키며 음악인으로 입지를 넓혀 나갔다. 그렇게 고국을 떠난 그는 대부분의 삶을 파리에서 살았지만 한 번도 자신을 파리지앵으로 생각하지 않았다. 오히려 프랑스를 경멸했다고 보는 게 더 정확하다. 자신의 조국인 폴란드가 탄압을 받는 상황인데도 강대국 프랑스는 뒷짐만 진 채 방관하고 있었기 때문이다. 쇼팽은 언제나 자신을 폴란드에서 온 망명자라 여겼고 언젠가 자신의 고국으로 돌아갈 수 있기를 염원했다. 그의 음악에 담겨 있는 슬픔은, 어쩌면 성공한 음악가로 이름을 날렸지만 마음 깊은 곳에서 온전히 행복할 수 없는 그의 모습을 반영하고 있는지도 모른다.

폴란드에서 파리로 망명한 이후 그는 그의 염원과는 반대로 다시는 고국으로 돌아가지 못했다. 나도 내가 태어난 곳과 다른 나라에서 사는 이민자라서 그런지 그가 느꼈을 감정에 절실히 공감된다. 만약 내가 다시는 한국을 가지 못하는 상황에 처한다면 그 어떤 것으로도 채울 수 없는 그리움을 안고 평생을 살아가지 않을까. 그의 음악은 그래서 더 절실게 우리의 마음을 움직인다.

그의 왈츠 7번은 제목에 '왈츠'가 있지만 춤을 추기 위해 지은 곡은 아니다. 그렇지만 이 곡에서 왼손의 움직임은 마치 춤을 추고 있는 것처럼 왈츠의 3박자 리듬을 이어가고, 오른손의 움직임은 마치 우아한 발레리나의 움직임처럼 빠르지만 은은하게 움직인다. 중간 부분에는 어디선가 햇살이 내려오는 듯 따뜻한 영역도 있다. 이 음악 역시 슬픔과 기쁨이 같이 공존하는 쇼팽 특유의 모순된 아름다움을 표현한다.

이 작품을 들다 보면 당신이 어릴 적 살던 고향이 그리워질지도 모른다. 혹은 당신의 첫사랑이나 가족, 친구가 생각날 수도 있다. 그렇게 이 음악은 마음 절절하게 우리의 아픈 곳을 어루만진다.

김지윤 피아니스트가 연주한
쇼팽의 왈츠 7번(Op.64 No.2)

오직 나만을 위한 꿈을 꾸자

하나의 문이
완전히 닫힐 때

다른 사람들에게 나를 피아니스트라고 소개하면 아직까지도 "아, 그럼 실제 직업은 뭔가요?"라고 묻는다. 특히 내 이름을 한 번도 들어본 적 없는 사람이라면 더 그렇다. 아마 내가 다른 안정된 직장에 다니며 혼자 음악을 한다고 생각하는 것 같다.

세계적인 피아니스트로 알려지기 위해 퀸 엘리자베스, 반 클라이번 혹은 쇼팽 콩쿠르 같은 세계적으로 명성이 높은 유명 콩쿠르에서 우승하는 것이 하나의 방법이 될 수 있다. 전 세계 최고의 음악인과 겨루는 콩쿠르에 입상하면 곧바로 유명한 클래식 음반 회사와 계약해 연주를 녹음하고 큰 에이전시의 도움을 받아 3년에서 5년 정도의 연주 계약을 성사시키며 성공한 피아니스트로서의 첫발을 뗄 수 있다. 콩쿠르는 보통 어리게는 13세에서 15세, 아주 늦게는 20대 후반까지 참가가 가능하고 20대 후반이 지나면 사실상 참가할 수 있는 콩쿠르가 거의 없을 정도로 기회가 제한되어 있다. 콩쿠르를 준비하는 어린 연주자들은 전쟁터에 들고 나갈 무기를 매일 갈듯 언제라도 완벽히 연주할 수 있도록 콩쿠르에 나가기 위해 필요한 음악들을 오랜 시간 훈련한다.

앞에서도 말했지만, 세계적으로 유명한 콩쿠르에서 입상하기란 정말 어렵기 때문에 저명한 콩쿠르에서 1등을 했다면 음악가의 길을 좀 더 수월하게 시작할 수 있다. 그런데 똑같이 자신의 인생을 바쳐 도전했지만 실패로 끝나버린 수많은 다른 연주자들은 어떻게 될까? 그들의 미래는 그렇게 미지수로 남는다.

나는 음악 인생의 여러 갈래 중에서 이런 콩쿠르 입상을 단 하나의 희망으로 보고 청춘의 많은 시간을 쏟는다는 게 너무나 위험한 도박판에 뛰어드는 것처럼 보였다. 더군다나 콩쿠르에 입상하기 위해서는 자신의 모든 인생을 극히 적은 수의 콩쿠르 연주곡 연습에만 집중해야 했다. 젊은 연주자들이 새로운 곡을 배우며 자신만의 해석으로 곡을 연구해야 할 시기를 놓치는 것도 문제였다.

나는 1등이라는 결과 뒤에 얼마나 많은 실패가 있는지, 그렇게 쓰러진 자신을 다시 일으켜 세우기 위해 얼마나 많은 노력이 필요한지 너무도 잘 안다. 이 세상은 수백 명의 패자가 아니라 단 한 명의 승자만을 기억한다는 사실도.

콩쿠르에 참여하지 않고 음악인으로 살아가기 위해 대학에서 계속 공부하는 것도 방법이다. 콩쿠르 입상을 삶의 목표로 두지 않았던 나는 자연스럽게 대학에서 오래도록 공부를 이어갔다. 주변 사람들은 정말 이해할 수 없다고 말했지만 나는 인디애나대학교에서 피아노로 석사와 박사학위를 받고 피아노 교육학 석사과정을 밟기 위해 다시 학교로 돌아갔다. 두 개의 석사학위와 하나의 박사학위를 이어갈 정도로 배움에 대한 갈증이 있었다.

하지만 공부에만 매진하다 보니 정작 사회에 나가 무엇을 해야겠다는 뚜렷한 목표 의식이 없었다. 어리석게도 나는 이 모든 과정을 다 마치면 에이전시 매니저가 제 발로 나를 찾아와 계약서를 내밀거나 어떤 대학교에서 교수로 일해 달라고 부탁할지도 모른다는 환상 같은 것을 갖고 있었는지도 모른다. 이 생각은 완전히 허황된 건 아니었다.

오랜 시간 좋은 교육을 받고 스스로 연구하며 사회적으로 인정받는 학위도 받았는데 무엇을 더 할 수 있겠는가?

그러나 배움의 기나긴 여정을 모두 끝내고 나서도 내 인생은 달라지지 않았다. 음반 계약서를 들고 누군가 찾아오는 일도 없었고, 수없이 많은 교수 채용 공고에 지원해 보았지만 합격 소식은 들려오지 않았다.

나는 내가 하고 싶은 일이 무엇인지도 모르는 채 사회에서 인정받는 직업에 끊임없이 나를 알리는 신호를 보냈고, 언젠가 긍정적인 답신이 돌아올 날을 기다렸다. 교수를 채용하는 미국 전역의 대학교에 원서를 넣었고, 전속 피아니스트를 뽑는 에이전트에게 찾아가기도 했고, 연주회를 기획하는 담당자에게 메일을 쓰고, 가능성이 있는 모든 곳에 전화하여 음성 메시지를 남기기도 했다. 하지만 대부분 아예 아무런 반응이 없거나 가끔 '죄송합니다. 지금은 관심이 없어요'와 같은 답변을 할 뿐이었다.

나는 그저 평생 즐겁게 피아노를 치고 싶었고 이런 나의 열정을 외부의 현실적인 상황들로부터 보호하고 싶었다. 다른 음악인들처럼 나 역시도 비밀리에 감춰진 나의 진짜 직업, 피아니스트를 계속하기 위해 안정적인 직업을 가져야 한다고 생각했고, 이를 이뤄줄 수 있는 직업을 찾기 위해 애썼다. 그 시기에 정말로 할 수 있는 모든 노력을 다 했다. 어쩌면 내가 무엇이라도 하고 있다는 위안으로 하루 하루를 보냈는지도 모르겠다.

그러던 어느 날 미국 서부 샌디에이고의 한 대학교에서 계약직 교수를 뽑는 자리에 내가 마지막 세 명의 후보자 중 한 명으로 선발됐다. 정말 왜 그랬는지 모르지만 나는 채용이 확정되기도 전에 인디애나주에서 샌디에이고가 있는 캘리포니아주로 이주했다. 그건 거의 나라를 옮기는 것과 비슷하다고 할 정도의 큰 변화였다. 당시 나는 인디애나주의 대학교에서 강의를 하면서 조금씩 이름을 알리기 시작했기에 갑자기 샌디에이고로 이주한다는 건 지금까지 쌓아온 이력을 버리고 다시 처음부터 시작하는 걸 의미했다.

나는 몇몇 교수들의 이야기를 전해 듣고 샌디에이고의 이 자리가 거의 확정되었다고 확신했다. 그게 나의 헛된 믿음이었다는 건 이주가 끝난 후에 알게 되었지만. 나중에 알게 된 사실이지만 그 대학에는 미리 내정된 사람이 있었다. 그 사람은 이미 그 대학에서 일하며 내부 사정을 모두 꿰뚫고 있었다.

그렇게 나는 하루아침에 내가 모르는 새로운 도시에

직업도, 친구도, 아는 사람도 하나 없이 홀로 내던져졌다. 그렇게 절망에 빠져 있던 그때 나는 처음으로 내가 이토록 직장을 구하기 위해 애쓰는 이유를 고민하기 시작했다.

'왜 나는 세상이 규정하는 직업에 나를 맞추지 못해서 끊임없이 불안에 떨까? 내가 진짜 원하는 것은 뭘까? 내가 진짜 잘하는 것은?'

그렇게 점점 더 근원을 파고들다 보니 내가 하고 싶은 일은 실제 대학 교수가 하는 일과 상당히 다르다는 걸 알 수 있었다. 대학 교수라는 직업에서 마음에 들었던 건 일 자체보다는 직업의 안정성이었다. 내 마음 깊은 곳에서는 학교를 떠나 어디든 자유롭게 돌아다니며 연주하고 싶었고, 그것은 보통의 대학에서 원하는 인재상과는 거리가 멀었다. 그때였을까? 나는 내 인생의 방향을 완전히 새롭게 바꿔보기로 결심했다. 안정된 직장이 아니라 내가 사랑하는 일에 내 모든 것을 걸고 도전해 보겠다고 말이다.

그 이후부터 나는 대학에 교수 지원서를 넣을 마음도 다 버렸고, 사회가 규정하는 직장의 모든 전형적인 모습 또한 마음 밖으로 다 던져버렸다. 그리고 내가 직접 나만의 '진짜' 직업을 만들기로 작정했다.

우리는 종종 어떤 문이 완전히 닫힐 때에야 비로소 새

로운 문이 열리는 것을 경험한다. 내 인생만 보더라도 그렇다. 교수라는 가능성을 완전히 접어버리고 그 문을 힘들게 닫아버렸을 때, 내가 전혀 상상하지 못했던 새로운 가능성의 문이 열리는 경험을 했다. 나는 외부의 기준으로 나를 규정하기보다는 내가 하고 있는 바로 이 일을 나의 직업으로 만들었다. 음악이라는 중심 안에서 나는 자유롭게 새로운 앨범과 연주회를 기획하고, 새로운 음악 프로젝트를 만들고, 가장 이상적인 환경에서 열정적인 학생들을 지도할 수 있었다.

흥미롭게도 교수라는 직업에 대한 미련을 완전히 접고 나니 그 직업에 수반되는 어려움이 더 잘 보이기 시작했다. 수많은 교수 회의, 하루에도 몇 시간씩 컴퓨터 앞에 앉아 회신해야 하는 메일과 그 밖의 사무적인 일들, 매 학기 똑같은 음악 과목을 반복해서 가르쳐야 하는 지루함과 같은 일들이 뚜렷이 보이기 시작했고, 그 일을 내가 얼마나 힘들어하고 싫어했을지 가늠해 볼 수 있었다. 교수라는 직업을 가졌음에도 내 마음은 점점 더 무거워지고 우울해지기만 하는 깊은 수렁으로 빠져버렸을지 모른다.

성공의 모습이라고 생각하며 앞만 보고 쫓아가던 목표에서 한 발짝 물러나 자신을 객관적으로 볼 수 있는 여유가 생겼을 때 비로소 나는 내가 하고 싶은 일에 확신을 갖게 되었다. 나는 그 일로 인해 따라오는 부정적인 측면을 충분히 감안하고도 그것을 기꺼이 감당할 수 있는 나만의 직업을 창조하고 싶었다. 프리랜서가 된다는 건 엄청난 어려움이 따른다. 하지만 그럼에도 나는 내가 사랑하는 일을 하기로 결심했다. 퇴근 시간이 얼마나 남았는지 궁금해서 몰래 시계만 엿보며 시간을 허비하는 일이 절대로 생기지 않도록 말이다.

지금의 나는 내가 가장 사랑하는 일들을 한다. 피아노를 연주하고, 가르치고, 피아노와 음악에 대해 사람들과 이야기하는 일 말이다. 그렇게 나는 '김지윤'이라는 회사의 최고 경영자이자 직원이 되었다. 내 직장에서 나는 언제 퇴직당할지 불안해하거나 언제 퇴근할지 눈치를 살피지 않아도 된다. 그 누구도 무엇을 하라고 지시하지 않는다. 내가 하는 모든 일은 온전히 내가 결정하고 스스로 하고 싶어서 하는 일이다.

우리는 늘 사회에서 인정받는 안정된 직장을 가지라는 조언을 듣고 살지만 사실 우리 모두는 각자의 독특한 개성이 있어서 잘하는 영역이 다 다르다. 그렇기 때문에 그 개성을 최대한 살릴 수 있는 방법은 자신만이 알 수 있다. 그 길을 창조하고 개발해 나가는 것도 자신의 몫이다. 내가 직접 내 일을 창조하겠다고 마음 먹고 인생을 완전히 새로운 방향으로 틀었을 때 경제적 안정 또한 필연적으로 따라왔다. 그렇게 나는 내 미래의 대한 문제를 나만의 방식으로 풀어낼 수 있었다.

여기서 어려운 건 인생의 방향을 어느 정도까지만 바꾸는 게 아니라 완전히 바꿔야 한다는 점인 것 같다. 내 인생에서는 하나의 문을 반쯤이 아니라 완전히 닫았을 때 새로운 문이 열렸다. 그렇게 해야만이 내가 잘할 수 있고 잘하고 싶은 것에 나의 모든 에너지와 시간을 온전히 바칠 수 있었고, 결국 그 방법이 통할 수 있었다.

솔직하게 말하자면 교수가 되는 가능성을 완전히 포기하는 건 쉬운 일이 아니었다. 나는 대학에서 잘 가르칠 수 있는 적합한 트레이닝을 받았다. 그뿐만 아니라 교수에게 제공하는 안정성과 혜택이 좋아 보였던 것도 사실이다. 단 한 가지, 내가 가장 이루고 싶은 연주자의 꿈을 마음대로 펼칠 수 없다는 게 나에게 치명적인 문제였을 뿐이다.

어느 대학에서도 러브콜을 받지 못했으니 새로운 길을

걷겠다는 내 결심은 어쩔 수 없는 선택이 아니었을까? 나는 그렇지 않다는 걸 너무 잘 알고 있다. 지금도 여기저기 강사 일에 몸담으며 종신 교수 자리에 원서를 넣고 학교의 내부 정치를 잘 파악하면서 교수가 되기 위한 노력을 할 수 있다. 하지만 나는 내 인생의 방향을 완전히 바꾸기로 결심했고 그렇게 의식적으로 다른 방향으로 나아가기 시작했다.

그럼에도 절대 포기할 수 없는
목표가 있는가?

　피아니스트로 산다는 건 아름다운 음악의 세계를 많은 사람에게 전하고 관객들과 음악으로 깊게 소통하는 보람찬 일이지만, 그 이면에는 매일매일의 힘들고 혹독한 훈련이 자리하고 있다. 그리고 그 연습은 내가 무대에 서는 한 평생 계속될 것이다.

　내 인생에서 가장 오래 피아노를 연습하지 않은 기간은 아마도 일주일 정도인 것 같다. 여행을 가더라도 호텔이나 비행기표를 예매하기 전에 근처에 연습할 곳이 있는지를 먼저 알아본다. 크리스마스 연휴를 맞아 일주일 정도 한국에 머물고 있었을 때 내가 하루도 빼놓지 않고 연습실로 향하자 엄마는 이렇게 말했다. "37년 넘게 매일 연습했으면 가끔은 좀 쉬어도 괜찮지 않을까?"

나는 대답 대신 그냥 웃었다. 가끔은 나도 그럴 수 있다면 얼마나 좋을까 하고 생각한다. 어쩌면 매일 연습하는 생활은 내가 피아니스트로 살아가기 위해서 당연히 치러야 할 희생인지도 모른다. 며칠 집을 떠나기라도 하면 머무는 곳 근처에 언제나 연습실이 있어야 하고, 하루 중 최소 몇 시간은 반드시 피아노 연습에 할애하는 건 나에겐 너무나 당연한 일상이다.

피아니스트로 살아가기 위해서 감내해야 하는 모든 일이 어렵지 않다고 말하는 건 거짓말이다. 나는 이 일을 누구보다 사랑하지만, 가끔은 내가 '피아니스트로 산다는 걸 완전히 잊어버릴 수 있었으면' 하고 바라기도 한다. '몇 년 동안 피아노는 생각도 하지 않고 다른 여러 나라를 떠돌면서 사는 건 어떨까?' 하고 상상하는 것이다. 물론 그렇게 피아노와 떨어져 몇 년을 보낸다는 생각을 하는 것부터 나에게는 큰 고문이다. 그래서 늘 그렇게 힘들다고 투정하면서도 어김없이 피아노 앞에 앉는다.

예전에 같이 연습했던 친구들은 이렇게 말하곤 한다. "나는 네가 피아니스트로 사는 모습이 정말 존경스러워. 내 생각에 피아노를 전공한 사람은 둘 중 하나를 선택해야 되는 것 같거든. 피아니스트가 되든지 아니면 평범한 삶을 살든지. 평범한 삶을 사는 피아니스트가 되는 건 불가능해."

평범하지 않은 길을 걷는 모든 음악가들의 노력은 무엇을 위한 것일까? 한 음악가가 '성공했다' 혹은 '다른 사람보다 뛰어나다'는 건 어떤 의미일까? 인터뷰를 하다가도 "성공을 위한 지윤 씨의 다음 목표는 무엇인가요?" 하는 질문을 종종 받는다. 그럴 때 나는 보통 "제가 지금 피아노로 하고 있는 것을 계속하는 것이죠"라고 애매모호하게 대답한다.

사실 어떤 연주자와 다른 연주자를 비교해서 등수를 매긴다는 건 불가능에 가깝다. 그럼에도 세상은 등수를 매기려고 어지간히도 노력한다. 어떤 피아니스트는 베토벤 소나타 해석의 1인자이고, 또 다른 누구는 어떤 콩쿠르에서 3등을 했다는 것처럼 말이다. 하지만 음악을 듣고 깊게 감동했을 때 우리는 그 연주자를 다른 연주자와 비교해서 점수를 주거나 등수를 매기지 않는다. 그 감정은 그 순간에만 찾아오는 독립적이고 유일한 경험이다. 나는 가끔 아주 어린아이의 서툰 연주에도 깊이 감동할 때가 있다. 순수한 연주에서 따뜻하고 맑은 영혼이 느껴져 눈시울이 붉어지곤 한다. 그렇다면 그 아이는 세계에서 몇 등일까? 대충 100,493등이라고 하면 될까?

어쩌면 사람들은 나 또한 무언가를 계속 좇고 있다고 생각할지 모른다. 나는 계속해서 음반을 제작하고, 클래식 팟캐스트를 진행하며, 유튜브 채널을 운영하고, 책도 쓰고, 끊임없이 가르치며 피아니스트로서 활발히 활동한다. 그렇게 내가 하는 모든 일들에 아주 열정적이고 진지하게 임하지만, 나의 가장 큰 목표는 음악으로 타인과 교감하고 소통하는 것이다.

그래서 이 모든 일이 마치 재미있는 게임이라고 느껴질 때가 많다. 어떨 때는 실제로 목표로 삼았던 목적지에 도달하고, 그러지 못할 때도 있다. 그렇다고 하더라도 노력한 결과를 그대로 받아들인다.

나는 등수보다 그저 어떤 상황이 오더라도 내 마음이 흔들리지 않도록 유지하는 데에 집중한다. 내 모든 열정과 에너지를 모아 최선을 다하되 그 결과를 성공의 척도로 삼지 않는다. 오로지 그 모든 일에 기쁜 마음으로 최선을 다하며 즐겁게 임하고 그 과정에서 누군가의 마음을 움직였거나 감동을 줄 수 있었음을 기억하는 데에만 신경 쓴다.

나에게 성공이란 '내 마음속 상태'와 직접 연관된다. 나는 뼈아픈 실패와 힘든 역경에 부닥치더라도 부정적인 목소리에 흔들리지 않고 중심을 지키며 내면의 평화를 유지하고 싶다. 내 마음이 늘 잔잔한 파도를 유지할 수 있으면 좋겠다. 그리고 내가 열정을 갖고 임한 모든 일에 스스로 성취감을 느낄 수 있도록 나에게 용기를 주는 사람이고 싶다. 이것이 내 세상에서 정말로 아름답고 진실한 성공의 모습이다.

나는 계속해서 내가 하는 일에 열정과 최선을 다해 임할 것이다. 연주해 보고 싶은 멋진 콘서트홀도 많고, 연구하고 싶은 음악도 무궁무진하다. 또 새롭게 도전해 보고 싶은 프로젝트와 여행하고 싶은 곳도 무수히 많다. 거기에 더해 내 음악이 누군가에게 감동과 용기, 혹은 기쁨을 줄 수 있다면 너무나도 기쁠 것이다. 이 모든 것들은 분명히 내 인생의 목표다.

하지만 이런 목표들이 지금 당장 이루어지지 않았다고 해서 내가 지금 성공하지 못한 것은 아니다. 나는 매일 내가 하고 싶고 좋아하는 일을 하면서 살고 있다. 내 마음속 깊은 곳에 손을 얹고 생각하면 나는 이 순간에 만족한다. 정말 내 마음은 평화롭고 또 행복하다. 그러다 언젠가 내 인생에 폭풍이 온다고 하더라도 중심을 잡고 조용히 나를 지탱할 수 있기를 언제나 바란다.

세상 사람들이 좇고 숭배하는 물질적 지표와 숫자로 정의되는 성공의 지표를 내 마음속에서 놓아버렸을 때 진정으로 내가 의미 있다고 생각하는 성공의 모습이 무엇인지 알 수 있었다. 나는 계속해서 내가 그린 성공의 모습을 완성하기 위해 노력할 것이다. 마음속 봄날을 스스로 만들어내고 지키면서, 외부의 비바람과 폭풍에 흔들리지 않는 군건한 모습으로 말이다.

단지 한 발자국씩만
더 디디면 된다

　모든 일은 한 장의 엽서에서 시작되었다. 나는 전 세계적으로 유명한 여성 피아니스트 미츠코 우치다의 엽서를 손에 들고 생각에 잠겨 있었다. 엽서에는 "안 될 이유는 또 무엇인가?(Why NOT?)"라고 적혀 있었다. 카네기홀에서 열린 우치다의 피아노 독주회에 다녀온 친구가 우치다에게서 직접 받아 온 엽서였다. 친구는 피아니스트인 친구를 위해 카네기홀 엽서에다가 이 메시지를 적어줄 수 있느냐고 부탁했다고 한다.

　주변 사람들은 종종 내게 언제 카네기홀에서 연주할 것이냐고 물었다. 클래식을 하는 음악인라면, 아니 어쩌면 일반인에게도 카네기홀은 '꿈의 무대' 같은 것이리라. 하지만 솔직하게 말하면 나는 그때까지만 해도 카네기홀에서의 연주가 현실이 되리라고는, 혹은 그게 내 인생에 꼭 필요하다고는 생각하지 않았다. 좀 더 정확하게 말하자면 카네기홀에서의 연주가 나의 꿈이라고 생각해 본 적이 없었다. 우치다의 엽서를 읽기 전까지는 말이다.

더없이 존경하는 피아니스트가 자필로 '안 될 이유는 또 무엇인가?'를 질문했을 때, 내 안에 어떤 작지만 힘찬 불이 켜지는 듯한 기분이 들었다. '그래. 카네기홀에서의 연주는 정말 황홀한 경험일 거야. 화려한 뉴욕, 그 중심에 위치한 카네기홀. 이곳에서 연주를 한다는 건 전 세계와 연결된다는 의미이지 않을까?'

그렇게 머릿속에서 카네기홀을 상상하고 꿈꿔보는 건 지금 현실에서 일어나는 일이 아니라고 할지라도 재미있고 흥분되는 일이었다. 나는 사람들의 함성을 들으며 반짝반짝 빛나는 샹들리에로 장식된 유서 깊고 아름다운 무대로 걸어 나가는 모습을 상상해 보았다. 화려한 무대 위에서 최고의 컨디션으로 준비된 콘서트 피아노를 연주하는 건 내 일생일대에 있을까 말까 한 엄청난 경험이 될 터였다. '참 좋겠다….' 연주의 설렘과 함께 내 마음이 말랑말랑해지는 감정을 몸 전체로 느끼며 환하게 웃었다.

상상 속에서 카네기홀 연주를 다녀온 다음 날 아침. 내가 생각해도 좀 무모하긴 했지만, 아침 9시가 되기를 기다렸다가 카네기홀 사무실에 전화를 걸었다. 번호를 누르는 중에도 피식 웃으면서 '참 용기 있구나?' 하고 생각했다. 그렇게 전화 수신음이 한 번 울렸을까, 전화기 너머로 어떤 목소리가 들려왔다.

"카네기홀입니다. 무슨 용건이시죠?"

나는 잠시 숨을 멈췄다. 그렇게까지 전화를 빨리 받으리라고는 예상치 못했다. 다시 숨을 고르며 말을 이어갔다.

"아…, 안녕하세요. 저는 클래식 피아니스트 김지윤이라고 합니다. 무엇을 좀 물어보려고 전화드렸어요. 좀 우습게 들릴 수도 있는데 묻고 싶은 게 있어서요. 혹시 거기서 연주를 하려면 어떻게 해야 하나요?"

내 목소리를 들으면서 나도 이런 질문이 얼마나 터무니없게 들리는지 알 것 같았다. 그러면서 동시에 그가 전 세계에서 걸려오는 문의 전화를 하루에 몇 통씩 받을까 하는 의문도 들었다. 운 좋게도 그는 나의 질문에 "당장 전화 끊고 지금이라도 연습을 더 하세요"와 같은 농담으로 대답하지 않았다. 걱정과는 다르게 아주 사무적이고 차분한 톤으로 제출해야 할 서류와 연주회 전에 거쳐야 하는 과정을 안내해 주었다. 그는 무대를 기획할 기획사와 그 대표가 있어야 하고 내가 피아니스트임을 증명할 수 있는 여러 공식 서류를 제출해야 한다고 했다. 모든 과정을 차분히 들은 후 나는 알았다며 전화를 끊었다.

그렇게 통화가 끝나고 한동안 멍하니 벽을 바라보았다. 뭔가 설명할 수 없는 큰 힘이 내 안에서 생겨나는 듯한 느낌이 들었다. 마치 어떤 영화를 보다가 어느 순간 영화의 한 장면 속으로 빨려들어 가는 느낌이랄까? 카네기홀에서 연주하는 게 더 이상 꿈에서나 가능한 일이 아니라는 생각이 들었다. 그 과정을 헤쳐나가기만 한다면, 그 길의 끝에서 분명히 마주할 수 있는 현실인 것이다. 그렇게 나는 나의 꿈을 향해 첫발을 내디뎠다.

나는 곧바로 나와 한 번 이상 같이 일을 했고, 또 나를 신뢰하는 기획사 대표들의 리스트를 만들어보았다. 여러 대표들과 논의한 끝에 마침내 한 명의 적임자를 찾아냈다. 샌프란시스코 주변에서 개최한 내 독주회를 기획했던 그에게 이 계획을 이야기하자, 그는 자신도 너무 흥분된다며 "우리 한번 같이 해보자!"라고 소리 질렀다. 그 후 오랜 시간 동안 우리는 카네기홀에서의 모든 연주 과정을 함께 만들어나갔다.

2017년 12월 14일, 드디어 기다리던 카네기홀 데뷔 연주 날이었다. 또 한 번 상상하지도 못한 일이 벌어졌다. 뉴욕에 내가 아는 사람이 한 명도 없었음에도 미국 전역에서 몰려온 많은 팬들로 전 좌석이 매진되는 기적이 일어난 것이다. 콘서트 당일 연주홀은 사람들의 흥분된 대화 소리와 기대감으로 가득 차 있었고 나는 사람들의 큰 함성을 받으며 무대로 걸어 나갔다. 활짝 웃으며 카네기홀 무대 중앙에 선 나는 관객들을 바라보면서 이렇게 말했다.

"제 꿈에 오신 것을 환영합니다."

꿈을 꾸는 일 자체가 힘들 때도 있다. 나는 꿈을 꾸기 위해서는 마음에도 근육이 필요하다고 생각한다. 몸의 근육이 나이가 들수록 조금씩 줄어드는 것처럼, 꿈을 꾸는 근육도 우리가 쓰지 않을수록 굳어지고 더 약해진다. 그렇게 우리는 스스로를 '현실'이라는 상자에 가두고, 상상의 한계선을 미리 그어버리곤 한다. 마음속에서 일어나는 상상이라 해도 우리는 우리를 자유롭게 풀어놓는 법을 너무 모르는 것 같다.

그룹으로 피아노 레슨을 진행하다가 학생들에게 이런

요청을 한 적이 있었다. 피아노와 관련된, 어쩌면 터무니없게 들릴 수 있을 정도로 방대한 꿈을 한번 꿔보라고 말이다. 그 말을 들은 학생들의 표정은 상당히 거북해 보였다. '불가능한 줄 뻔히 아는데도 꿈을 꾸란 말이야?' 하며 반문하는 듯한 눈치였다. 그러면서 학생들은 인생의 다른 영역에서도 그런 꿈을 별로 꾸지 않는다고 덧붙였다.

학생들에게는 이런 상상이 익숙하지 않은 것 같아서 조금 더 작은 꿈으로 상상해 보자고 했다. 그제서야 학생들은 숨을 고르며 "제가 가장 사랑하는 쇼팽 발라드 1번을 외워서 연주하는 거요", "언젠가 개인 독주회를 열고 싶어요", "멋진 오케스트라와 협연하고 싶어요"와 같은 꿈을 말해주었다. 나는 문득 궁금해졌다. '꿈을 꾸는 게 우리 인생에서 필요한가? 그렇다면 그것이 왜 필요한가?'

보통 우리는 예측할 수 있는 만큼의 상자 속에 우리의 생각을 넣어두고 그 정도 크기의 생각이 현실적이며 안전하다고 생각한다. 그래서 그 상자 밖으로 조금이라도 상상력을 뻗으려 한다면 누구보다 자신이 먼저 그 생각을 비판하고 어처구니없다고 여기며 무참히 짓밟아 버리는 경우가 많다. 생각을 검열하는 다른 누군가가 마음속에 나타나서 생각에 족쇄를 채워버린 것처럼 말이다. 머릿속으로 상상하는 게 뭐 그리 나쁜 일이겠는가? 미친 척하고 새로운 가능성을 생각해 보고, 상상 속에서라도 우리를 풀어두는 게 얼마나 즐거운 일인가! 그 꿈이 현실이 되지 않을 이유도 없지 않은가?

자신의 가능성을 스스로 가늠하는 데에는 언제나 한계가 있다. 어떤 기회가 찾아올지 어떤 새로운 사람을 만나게 될지 우리는 절대로 미래를 예측할 수 없기 때문이다. 나는 우리가 마음껏, 아니 정말 미약하게라도 꿈을 꿔보는 연습을 해야만 우리 안에 꿈이라는 씨앗을 품을 수 있게 된다고 생각한다. 그리고 꿈을 꾸는 연습은 그 꿈이 제시한 방향으로 나아가게 하는 에너지를 준다고 믿는다. 진심으로 고백하건대, 내가 카네기홀에서 연주하는 꿈을 꾸지 않았다면 나는 절대로 그곳에서 연주하지 못했을 것이다.

한 가지 중요한 사실을 꼭 짚고 넘어가고 싶다. 그것은 내가 카네기홀에 직접 전화를 걸었다는 점이다. 내 행동은 정말 단순했다. 그냥 전화기를 들고 전화를 했다. 하지만 그 전화는 내 꿈을 현실로 만드는 데 큰 기여를 했던 첫 발걸음이었다. 그렇게 나는 두 단계를 거쳐 꿈을 이뤘다. 첫째 이루고 싶은 꿈을 꾸었고, 둘째 꿈을 향해 아주 작은 발걸음을 디뎠다.

우리가 준비만 되어 있다면, 꿈은 언젠가 적당한 시기가 되었을 때 우리를 찾아온다. 꿈을 꾸는 게 씨앗을 땅에 심는 행동이라면, 그 꿈을 이루기 위해 가장 먼저 할 수 있는 행동은 씨앗에 물을 주는 것이다. 실제로 우리가 꿈을 꾸고 그것이 실현되기까지 아주 오랜 시간이 걸린다. 하지만 그렇다고 우리가 그 씨앗에 물을 주지 않는다면, 시간이 아무리 많이 흘러도 씨앗이 나무가 되는 날은 절대 오지 않을 것이다.

그렇게 성사된 카네기홀에서의 연주회에서 나는 '클래식 음악회'의 틀을 한번 깨보고 싶었다. 누구나 클래식 음악을 더 쉽고 친근하게 느낄 수 있도록 말이다. 나에겐 마치 사막의 오아시스처럼 행복과 감동을 주는 이 클래식 음악이 다른 누군가에게는 마냥 어렵고 지루하게 느껴질 수 있다는 게 늘 안타까웠다. 피아노를 가르치는 피아니스트로서 관객들이 그냥 소극적으로 음악을 듣는 게 아니라 나와 함께 미지의 세계로 여행을 떠나는 것처럼 음악을 더 가까이 느낄 수 있는 방법을 갈구했다.

그런 이유로 나는 연주가 끝난 후 아무런 소통 없이 무대 뒤로 사라지는 피아니스트가 되고 싶지 않았다. 그건 관객과 교감하고 음악을 더 깊게 나누는 다리를 없애는 일이었기 때문이다. 이런 나의 생각을 바탕으로 기획한 내 연주회에는 연주 전 미리 나누어 주는 프로그램 안내 책자도, 연주자인 내가 무대 뒤로 들어가는 일도, 연주회 중간에 쉬는 시간도 없었다. 나는 처음부터 끝까지 무대에서 관객과 소통했고 그들과 일일이 눈을 맞추며 곡에 대한 나의 감정과 연상되는 이미지, 그리고 음악과 연결되는 나의 인생 이야기도 함께 들려주었다. 그렇게 연주회가 모두 끝나고 나서야 관객들은 연주회장을 나가면서 프로그램 안내 책자를 받을 수 있었다.

피아니스트가 되기 위해 콩쿠르에 입상하는 것이 하나의 전략이고, 전공을 살려 교수가 되는 것이 또 다른 전략이 될 수 있듯, 나 역시 나만의 새로운 전략을 만들었다. 그건 바로 나의 음반과 연주회를 크라우드 펀딩의 형식으로 세상에 알리는 것이었다. 크라우드 펀딩이란 많은 사람들에게 나의 프로젝트를 소개하고 나의 계획을 마음에 들어하는 사람들에게 공개적인 후원을 받는 방법을 말한다.

펀딩의 결과를 짧게 이야기하자면 그건 가히 성공적이었다. 펀딩 플랫폼을 통해 프로젝트를 소개하자 그 취지에 공감하는 사람들이 정말 많았다. 사람들은 마치 자신이 연주회를 여는 것처럼 공연을 홍보하기 시작했다. 그러자 프로젝트는 나만의 연주회가 아닌, 많은 사람이 직접 참여하고 공을 들인 공동의 프로젝트가 되었다.

그렇게 나를 따라다니고 응원하는 팬층이 점차 두터워졌고 나의 신념을 지지하는 사람들이 더 늘어나기 시작했다. 그중에는 음악회가 어디서 열리든지 차를 몰고 오거나 심지어 비행기를 타고서 참석하는 사람들도 생겨났다. 또 어떤 관객은 그전까지 클래식 음악회를 한 번도 가본 적이 없는데 나의 연주회에서 음악과 소통하는 경험을 하며 클래식 음악을 사랑할 수밖에 없게 되었다며 열렬히 나를 응원했다. 이런 꿈같은 일은 내가 안전한 상자에 머무르지 않고 나만의 진짜 직업을 창조하겠다고 다짐하며 상자 밖으로 첫 발을 내디뎠기 때문에 현실이 될 수 있었다.

꿈을 꾸는 능력은 끊임없이 배우려는 태도를 갖출 때 생겨난다고 생각한다. 한 번도 경험하지 못한 일에 처음으로 도전할 때 나는 아는 것이 전혀 없는 초보자의 마음으로 배워나갔다. 그렇게 새로운 일을 그 모습 그대로 받아들이려는 태도를 유지하자, 그곳에 숨겨진 무한한 가능성을 향해 마음이 열리곤 했다. 참 모순적이다. 이미 잘 알고 있는 것이 아니라 완전히 새로운 분야에 나를 대던졌을 때 더 원대한 꿈을 꿀 수 있다는 게 말이다.

무언가에 골몰하여 열심히 배우는 사람들의 얼굴은 언제나 빛이 난다. 항상 관심 있는 일을 찾아다니고 계속 배우려는 태도를 유지하면 그 일에 집중하면서 에너지를 쏟게 된다. 당연하게도 이렇게 노력하는 동안 눈에 보이지 않던 한계의 틀도 한 꺼풀 벗겨낼 수 있다. 물론 어떤 것을 배우는 모든 사람이 꿈을 꾸는 사람은 아니겠지만, 배우고자 마음을 열어둔다는 건 새로운 가능성을 열어놓는 과정이기도 하다. 그렇게 자신을 탐구하는 사람은 꿈꾸는 근육을 끊임없이 단련시킨다.

혹시 당신은 지금 어떤 것을 배우고 있는가? 지금 새로운 꿈을 꾸고 있는가? 당신이 이루고자 하는 가장 방대한 꿈은 무엇인가? 이 모든 상상은 우리의 머릿속에서 펼쳐지는 세계이고, 우리가 꿈꾸는 근육을 기르는 훈련일 뿐이다. 그러니 조금 더 편한 마음으로 마음껏 상상해보자. 이런 생각을 하는 게 조금씩 더 익숙해지면 당신도 이 생각이 정말 재밌다고 생각하게 될지 모른다.

그러니 우리를 둘러싸고 있는 모든 한계의 상자를 하나씩 버리고, 상상 속에서 마음껏 꿈을 꾸며 놀아보자. 그게 결국 자신의 모든 가능성을 열어두는 방법이다. 그리고 지금 당장 그 방대한 꿈을 실현시킬 아주 작은 행동을 시작해 보면 어떨까?

이것 하나만 꼭 기억하길 바란다. 아무도 나에게 먼저 찾아오지 않았다. 내가 직접 카네기홀에 전화를 걸었기 때문에 꿈의 첫걸음이 시작되었다. 정말 어처구니없을 정도로 자유로운 꿈을 꾸는 몽상가가 되기를 바란다. 나도 당신 옆에 서서 그 꿈을 항상 응원할 것이다.

흔들릴 때마다
나를 붙잡아준 것

　　어쩌면 엄마는 내가 좋은 대학의 종신 교수가 되기를 바랐을지도 모른다. 그리고 어쩌면 우리 할머니는 돈 잘 버는 남편을 만나 누군가의 아내로 살며 취미로 피아노를 연주하는 삶을 내가 이룰 수 있는 최고의 성공이라 생각하셨을지도. '미안해요, 엄마. 미안해요, 할머니. 그건 제가 진정으로 바라는 꿈이 아니었어요.'

　　많은 사람들은 짧은 순간 나타났다 사라지는 성공을 기나긴 인생의 궁극적 목표로 삼는다. 어떤 연주회를 마치고 나면, 특히나 유명한 공연장에서 연주를 마친 후에는 많은 관객이 나에게 다가와서 벌써 이렇게 성공한 것을 축하

한다고 말한다. 아니면 앞으로 더욱 멋진 미래가 내 앞에 펼쳐질 거라고 이야기한다. 그들은 내가 이미 성공했거나 아니면 앞으로 더 성공하리라는 관점으로만 나를 바라보곤 했다. 응원하는 마음에서 건네는 이야기라는 걸 알기 때문에 그저 웃으며 지나가지만, 사실 그 관점은 내가 추구하는 삶의 목표는 아니다.

누군가를 '성공했다'고 평가할 때 모든 사람에게는 자기 나름의 정의와 의미가 있다. 그런데 대체로 그런 성공은 숫자와 함께 언급될 때가 많다. 당신이 얼마만큼의 돈을 벌었다면, 몇 평 이상의 집을 가졌다면, 소셜 미디어의 팔로워가 몇 명 이상이라면, 유명한 콩쿠르에서 1등을 했다면, 당신의 음반이 어느 숫자만큼 팔렸다면, '당신은 성공한 사람이다.' 그런데 우리가 목표한 숫자에 도달하고 나면, 그 성공을 지켜가기 위해 계속해서 더 큰 숫자를 채워나가려 노력해야 한다. 어쩌면 이것은 무한한 하늘에 닿고자 계속 사다리를 타고 올라가려는 행동은 아닐까?

나는 누군가가 달성한 숫자를 보고 성공했는지 아닌지를 판단하는 것이 참 안타깝다. 왜냐하면 우리는 우리가 달성한 숫자를 끊임없이 부족하다고 느끼고, 처음 목표로 삼았던 숫자도 점점 더 커지기 때문이다. 우리는 우리가 목표로 한 어느 정도의 돈을 마련하면 그만큼 씀씀이도 커져서 그보다 점점 더 많은 돈을 원한다. 누군가 한 콩쿠르에서 이겼다면, 또 다른 콩쿠르에서 이겨서 그 자리를 지키고 있다는 걸 증명해야 한다. 어떤 목표가 이뤄지면 우리는 더 멀리 가야 하는 것이다.

게다가 우리는 성공의 이면을 절대로 알지 못한다. 모르는 사람이 없을 정도로 유명하고 상상하기 어려운 돈을 벌면서 잘나가던 배우가 어느 날 갑자기 자살했던 이유가 무엇일까? 세계적으로 유명한 콩쿠르에서 1등을 한 피아니스트가 극심한 우울증으로 고생하면서 무대를 완전히 떠나버린 이유는 무엇일까?

'숫자'와는 거리가 멀지만 자랑스럽게 생각하는 성공 경험을 들려주고 싶다. 나는 언젠가 승려들이 지내는 시카고의 작은 절에서 연주를 한 적이 있었다. 그 절은 승려들이 함께 수련도 하고 먹고 자며 생활하는 숙소이기도 했는데, 살짝 살펴보기에도 아주 허름해 보이는 곳이었다. 그곳에서 연주했던 피아노 또한 한 번도 들어본 적이 없는 브랜드의 가장 작고 단순한 버전의 피아노였다. 그런데도 소박한 승려복을 입은 열다섯 명의 승려들은 각자 자기만의 방식으로 연주회를 즐기고 있었다. 어떤 이는 눈을 감고 명상을 하듯 음악을 들었고, 어떤 이는 처음부터 끝까지 자애로운 미소를 잃지 않으면서도 눈에 눈물이 그렁그렁 맺힌 얼굴로 연주를 감상했다. 나에게도 그날은 '실수하지 말아야지' 혹은 '실패하면 안 돼' 하는 생각으로부터 벗어나 완전히 다른 차원에서 연주할 수 있었던 아름답고 소중한 추억으로 남아 있다. 그래서 머릿속으로 그 연주를 떠올리는 것만으로도 끊임없이 에너지를 받는다.

그렇게 얼마의 시간이 지났을까. 큰 연주회를 앞두고 기획 담당자와 연락을 하는 중이었다. 그가 말하길 시카고에서의 절 연주회는 너무 작은 공연인 데다가 관객수가 많았다는 걸 보여주는 연주도 아니기에 내 약력에서 빼는 것이 좋겠다고 했다. 그 말의 의도를 이해할 수 있었고 나 역시 그의 제안에 동의했다. 그럼에도 마음속으로 파고드는 이 생각은 떨쳐버릴 수 없었다. '성공이란 무엇일까? 인생에서 내가 진정으로 그리는 성공의 모습은 어떤 것일까?'

피아니스트이자 한 인간으로서 내가 무엇을 이루고자 하는지를 늘 고심한다. 그 고민은 나의 일상을 세세하게 떠올리고 내가 존재하는 이유가 무엇인지 생각하는 일로 이어졌다. 그렇게 내린 결론은 결코 거창하지는 않았다. 지금 내가 살아가는 이곳을 조금 더 좋은 세상으로 만드는, 나에게만 주어진 유일한 임무가 있음을 믿고 실천하는 것. 이것이 내가 생각하는 나의 존재 이유다. 어느 날 내가 모르는 사람에게 지은 미소, 길거리에 떨어진 휴지를 줍는 행동과 같은 아주 사소한 일들이 어떤 식으로든 나비 효과가 되어 더 큰 파급효과를 만들어내는 것처럼 말이다.

또한 나는 내 연주가 세상 사람들을 긍정적으로 도와주는 힘이 있다는 걸 잘 알고 있다. 나는 진심으로 이 클래식 음악을 듣는 모든 사람들이 음악으로 치유받고 일상 속의 힘든 시간에서 잠시나마 탈출해 쉼이라는 기쁨을 찾을 수 있길 바란다. 그렇게 연주하고, 강의하고, 음반을 내고, 팟캐스트를 녹음하고, 글을 쓰는 나의 모든 일을 통해 나의 임무를 다하고자 한다.

나에게 힘든 일이 있을 때마다 그래서 정말 피아노를 그만두고 싶다는 생각이 들 때마다 나를 일으켜 세우고 지탱했던 것은 내가 믿는 나만의 임무, 즉 클래식 음악을 통해 세상을 바꾸는 데 조금이나마 기여할 수 있다는 생각이었다. 피아노 연주가 어렵다고 쉽게 이 일을 포기한다면 나만이 해낼 수 있는 임무를 포기해버리는 것이라 생각했다.

그래서 나는 음악을 통해 삶의 동기를 심어주고, 음악을 듣는 모든 이가 자신과 세상의 아름다움을 발견하고, 오늘보다 내일 더 긍정적인 삶을 영위할 수 있도록 도와주기 위한 연주를 한다. 이 같은 나만의 임무는 삶을 보람 있게 살거나 자아를 실현하는 것 이상으로 나를 강하게 사로잡는다. 그렇게 삶의 장애물을 만나거나 실패를 경험할 때 나를 다시 힘이 된다.

우리 모두에게는 저마다 존재 이유가 있다. 그것은 각자의 직업일 수도 있고 때로는 아주 사소한 행동일 수도 있다. 일상에서 어려운 일을 겪고 있는 친구에게 위로의 말을 건네거나 알지도 못하는 낯선 사람에게 베푼 친절한 행동도 당신의 존재를 빛낸다. 그렇게 매일의 기회를 찾고, 나에게 주어진 길을 제대로 걷고 있는지 자신에게 끊임없이 되물어야 한다.

우리가 충분히 들으려고 노력만 한다면 우리 마음속의 작은 목소리는 언제나 우리에게 무언가를 이야기하고 우리를 이끌어준다. 나는 이런 과정을 통해 내 인생을 더 긍정적으로 바라보게 되었고, 모든 인생의 어려움을 더 쉽게 극복할 수 있었다. 나를 큰 우주 안에 속한 소중한 존재로 바라보는 넓은 시각을 갖게 한 것이다. '참된 인생이란 무엇일까?' 하는 의문이 들 때마다 나는 이렇게 되뇐다.

　'이 세상에서 나는 단 한 명이며 나에게 주어진 그 특별한 임무는 오로지 나만이 수행할 수 있다. 내가 이 세상에 존재하는 한 그 임무를 계속해서 찾고 또 그것을 지켜야 할 이유가 있다.'

내면의 목소리에
귀 기울인다면

어릴 적 내가 가장 좋아하는 놀이 중 하나는 길가의 풀꽃이나 모래로 상상 요리를 하는 소꿉장난이었다. 작고 알록달록한 돌들은 내 머릿속에서 메인 요리가 되었고 흙과 모래는 후추와 갖은양념, 꽃잎과 이파리들은 훌륭한 반찬이 되었다. 주변에서 흔히 발견할 수 있는 평범한 것들로 멋진 무언가를 만들어내는 놀이는 너무나도 재미있어서 나는 평생이라도 그렇게 놀 수 있을 것만 같았다.

내가 빠져들었던 또 다른 놀이도 있다. 어린 시절 많은 시간을 함께한 남이 언니와 나는 비밀 쪽지를 숨겨놓는 놀이를 자주 했다. 둘 중 누군가가 비밀 메시지가 담긴 쪽지를 여러 장 숨겨놓고, 다른 사람이 그 쪽지를 찾는 게임이었다. 하나의 쪽지를 찾아서 열어 보면 "장롱 밑에 가서 두 번째 쪽지를 찾으시오"라는 말이 써 있고, 장롱 밑에서 다음 쪽지를 찾으면 "화장실 수납 선반 2층을 보시오" 하는 식으로 쪽지 찾기는 계속 이어졌다.

그렇게 비밀을 담은 쪽지를 모두 발견하면 마지막 쪽지에는 전하고자 했던 메시지가 나왔다. 마지막 쪽지에는 '우리 일요일에 바다에 수영하러 가자!' 같은 별것 아닌 문장을 적었던 것으로 기억한다. 마지막 쪽지에 도달하기까지 일곱 살짜리의 머리로 열심히 짜낸 단서들은 셜록 홈스가 풀어야 할 정도로 엄청난 추리력이 필요하지는 않았지만, 오래도록 고심한 비밀 코드를 만드는 게 즐거웠다. 그리고 언니에게 들키기라도 할까 봐 이불 밑에서 혼자 키득거리며 오후 나절을 다 보낸 기억이 아직도 생생하다.

어릴 적에 상상력 하나로 머릿속에서 어떤 멋진 것을 온전히 만들 수 있었던 것처럼, 우리 모두 어린아이였을 때는 창의력이라는 게 많았다. 그렇게 창의력이 풍부했지만 어른이 되고 나면 어느 순간 자유롭게 놀 수 있는 능력을 조금씩 잃어버리는 것일지도 모른다. 관습에 우리를 맞추게 되는 순간 우리는 때론 심각할 만큼 진지하게 사회에 순응해 버린다. 그렇게 호기심 많고 장난치기 좋아했던 어린 아이들은 모두 어디로 가버렸을까?

　　여러 작업을 통해 나는 어린아이와 같은 새로운 시도를 감행하곤 한다. 한번은 〈십 분만 더(10 More Minutes)〉라는 나의 클래식 피아노 음반에 마치 가전제품을 산 것처럼 '음반 사용설명서'를 넣기로 마음먹었다. 사실 클래식 음악 세계에서 음반에 들어가는 내용은 오래도록 견고한 형식이 정해져 있다. 대체로 그 음반 안에는 곡과 관련한 배경지식, 음악의 역사, 연주자에 대한 설명을 적는다. 그런 정형화된 틀이 있는 클래식 음반이기에 나는 그 관습을 깨고 신선하고 새로운 시도를 해보고 싶었다.

　　내가 늘 느끼는 것이지만 사람들은 클래식 음악 자체가 어렵다고 생각하기보다는 그 음악을 담고 있는 격식 때문에 더욱 거리를 느끼는 경우가 많다. 내 음반에 들어 있는 음반 사용설명서의 첫 장에는 만화로 그려진 일러스트레이션과 함께 이렇게 쓰여 있다. "당신이 이 음반을 단 한 번만이라도 제가 제안하는 방법으로 듣는다면 얼마나 좋을까 하고 기대합니다." 그 이후에는 이 음반을 듣는 4단계를 설명했다. 첫째, 누구에게도 방해받지 않는 조용한 곳에서 음악을 듣는 1시간을 따로 떼어 놓기. 둘째, 외부의 소리를 차단하고 음악에만 집중할 수 있도록 귀를 전부 덮는 좋은 헤드폰을 사용하기(만약 없다면 친구에게 빌려서라도). 셋째, 음악이 시작될 때 이 사용설명서에 적혀 있는 음악에 대한 소개 글을 먼저 읽기. 마지막으로 넷째, 음악이 재생되는 동안에는 눈을 감고 연주를 감상하기.

이런 제안은 아무도 생각하지 못한 아이디어도 아니고 어찌 보면 정말 단순해서 클래식 음악에 이미 익숙한 사람들에게는 뻔하게 들릴 수 있는 감상법이다. 그런데 이 음반 사용설명서를 접한 많은 사람이 나에게 이런 접근법은 한 번도 생각해 보지 못했다는 이야기를 많이 들려주었다. 사람들은 대체로 어떻게 앨범을 들으면 좋을지 방법을 생각해 본 적도 없고, 보통은 요리를 하거나 운전할 때 배경음악으로만 듣는 게 전부라고 했다. 그래서 그렇게 눈을 감고 음악에만 집중해 본 것이 이번이 처음이었다고 했다.

이런 기획은 정말 단순한 질문과 호기심에서 시작되었다. 어떻게 하면 내가 음반을 듣는 사람에게 더 가깝게 다가갈 수 있을까, 어떻게 하면 내가 재미있게 놀고 있는 나의 놀이터에 사람들을 초대할 수 있을까 하는 고민 말이다. 그렇게 나는 인생이 나에게 건네는 호기심을 따라가며 두

가지를 추구하기로 결심했다. 어떤 것이든 재미있는 놀이처럼 접근할 것, 그리고 거기에 나만의 의미를 부여할 것.

때로는 어린아이와 같은 마음으로 시작된 새로운 시도가 조금 더 큰 프로젝트로 연결되기도 했다. 나의 두 번째 앨범이었던 〈너머. 위에. 저편에.(Over. Above. Beyond.)〉의 홍보를 위해 루 스몰리라는 클래식 음악 팟캐스트 진행자와 인터뷰를 끝내고 집으로 돌아오는 길이었다. 나도 모르게 문득 나도 한번 팟캐스트를 만들어보고 싶다는 생각을 했다. 그 생각이 어디에서 왔는지는 알 수 없었다. '녹음한 팟캐스트는 어떻게 편집할까?', '어떤 장비가 필요할까?' 하고 몇 분을 가만히 생각하다가 나는 그냥 피식 웃으며 막연하기만 한 이 아이디어를 금세 잊어버렸다.

그렇게 얼마의 시간이 지났을까. 흥미로운 일들이 일어나기 시작했다. 틈이 날 때마다 팟캐스트 녹음 방법을 인터넷에서 검색하기 시작한 것이다. 만약 팟캐스트를 시작한다면 어떤 주제를 담을지, 주제에 맞는 내용은 어떻게 채울지, 팟캐스트 제목은 무엇으로 할지 등 팟캐스트에 관한 관심은 점점 더 커졌다. 그것은 마치 어떤 특이하고 멋진 장난감을 하나 선물받았는데 그것을 어떻게 갖고 노는지 전혀 몰라서 방법을 궁리하는 것과 비슷하다고나 할까? 그래서 나는 생각만 하지 않고 이 관심을 조금 더 행동으로 옮기기로 마음먹었다. 그렇게 나는 제목을 정하고 팟캐스트의 대표 이미지를 만들면서 프로그램을 구체화해 갔다. 지금 이 팟캐스트는 빠르게 성장해서 전 세계에서 많은 팬들이 듣고 있다. 물론 몇백만 명의 구독자들은 아니지만, 클래식 음악을 주제로 하는 팟캐스트이고 0명의 구독자에서 시작했다는 걸 감안하면 엄청나게 빠른 성장이다.

어릴 적부터 잠들기 전, 꼭 머리맡에 라디오를 두고 음악 듣기를 참 좋아했는데 라디오에서 들려오는 음악은 나를 새로운 세계로 이끄는 마법 같은 힘이 있었기 때문이다. 내가 어릴 때 좋아했던 라디오처럼 나 역시 사람들과 클래식 음악을 연결하는 다리 역할을 하고 싶다. 클래식 음악을 편안한 친구처럼 느낄 수 있도록 말이다. 그래서 나는 팟캐스트를 시작할 때마다 오프닝을 이렇게 시작한다. "저는 클래식 음악이 우리 모두를 위한 것이라고 믿어요. 우리 같이 한번 들어봐요!" 그렇게 내 마음속에서 일어난 나만의 호기심을 따라 행동으로 옮겼던 것이 바로 팟캐스트를 시작하게 된 계기다.

꼭 직업과 관련된 일이 아니더라도, 다른 영역에서 창

의적일 수 있다. 나에게 중요한 것은 내 안에 잠자는 어린 아이의 호기심을 깨우고 그 목소리에 좀 더 귀 기울이려고 노력하는 것이다. 보통 그 목소리는 숨어 있거나 아주 작아서, 그 앞에 확성기를 두어야만 들릴지도 모른다. 하지만 그곳에 있다는 건 확실하다.

우리 모두는 마음속 어린아이와 함께 살고 있다. 팟캐스트를 만들어보면 어떨까 하는 뜻밖의 아이디어가 처음 떠올랐을 때, 나는 그게 참 어처구니없는 생각이라고 여겼다. 그렇지만 내가 팟캐스트를 계속 떠올리고 있다는 걸 알게 되자 그 조그마한 목소리에 점차 더 관심을 기울이기 시작했다. 어떻게 보면 그 목소리가 나에게 관심을 보여달라고 계속해서 신호를 보냈던 것 같기도 하다. 밤에 잠을 자려고 눕거나 아침에 눈을 떴을 때도 팟캐스트에 관한 생각이 내 마음속에서 떠나지 않았다. 그래서 결국 끊임없이 따라다니는 그 목소리에 백기를 들고 '뭐라도 시작해 보자'는 마음으로 한 단계씩 앞으로 전진했다. 나는 그렇게 나의 호기심을 채우기 위해 충분한 시간을 들였고, 모든 행동을 나만의 놀이처럼 받아들였다. 『드라이브(Drive)』라는 책의 저자 다니엘 핑크는 이렇게 말했다. "일을 놀이로 만들어라. 그리고 놀이를 일로 만들어라." 나는 그의 생각이 참 좋다.

일이 놀이가 되고 놀이가 곧 일이 된다니 생각만 해도 정말 신나지 않은가!

　이 모든 것은 자기 안에 들리는 아주 작은 목소리에서 시작해야 한다. 절대로 다른 사람의 것이면 안 된다. 지금 이 순간 이렇게 생각하며 집중해 보자. '지금 궁금한 것은 무엇일까?' 아주 작고 사소한 것이어도 상관없다. 그 목소리에 귀를 기울이고 그 생각으로 한번 떠나보자. 마음속에 살고 있는 아이가 이끄는 곳으로 그냥 따라가 보는 것이다. 그 이후에 또 다음 일들이 궁금해진다면 그것도 한번 시도해 보자. 그렇게 자기 자신과 충만한 시간을 보내자.

　당신이 꼭 기억했으면 좋겠다. 호기심과 놀이로 가득한 세상에서 자신을 비난하고 자책하는 마음은 자연스럽게 사라진다. 당신의 마음을 어린아이처럼 열어두고 그저 재미있게 노는 데 집중하기만 하면 된다.

　구름이 천천히 움직이는 하늘을 바라보거나 사람들이 지나가는 모습을 구경하면서 그냥 가만히 있을 때, 당신은 그저 그 순간에 존재한다. 그런 백지상태일 때에야 당신 안의 아주 조그마한 목소리가 조금씩 들리기 시작할지도 모른다. "나는 무엇 무엇을 하고 싶어" 혹은 "나는 무엇 무엇이 궁금해" 하는 식으로 말이다.

아무것도 하지 말아 보자. 그래서 끊임없이 호기심을 이어가기도 하고, 실수도 하고, 웃어버리고, 그냥 재미있다고 느끼는 어떤 새로운 걸 하며 놀 수 있도록 말이다. 아이의 목소리에 귀를 기울이고 또 따라가 보자. 우리 마음속 아이는 놀자고 말하며 우리를 기다리고 있다. 그 목소리를 더 잘 들을 수 있게 자신을 풀어주기만 하면 된다. 그렇게 우리 같이 인생의 놀이터에서 더 많이 놀아보자.

요하네스 브람스, 인터메조(Op.118 No.2)

가끔 작곡가들의 초상화를 볼 때면, 그들의 실제 성격이나 성향을 빛바랜 흑백 사진만으로 상상하기 어려울 때가 많다. 보통 브람스를 검색했을 때 나오는 그의 초상화는 50대 중반 정도 되어 보이는 중년 백인의 모습이다. 마치 산타클로스 할아버지처럼 턱수염을 기른 얼굴에 볼록하게 배가 나왔다. 게다가 무서울 정도로 근엄한 표정을 짓고 있다. 대부분의 사람들은 이 사진으로 브람스의 모습을 상상할 것이다. 그런데 그의 전기를 읽으며 알게 된 20대 초반의 모습은 이것과 완전히 달랐다. 그는 열정과 순수, 친절함과 따스함이 공존하는 눈빛으로 빛나는 아주 잘생긴 청년이었다.

어떤 이유에서인지 모르겠지만 브람스의 인터메조 (Op.118 No.2)는 그의 인생 후반에 작곡된 곡임에도 가슴이 아리도록 아름답다. 심각한 표정을 짓고 있는 중년의 모습보다는 섬세하면서도 패기 있는 청년의 순수한 영혼이 더 느껴지는 이유다. 이 곡을 제대로 연주하기 위해서는 브람스가 이 곡을 작곡하던 그 시기처럼 부러질 것처럼 연약한 마음으로 이 곡과 소통해야 곡 안의 복잡 미묘한 감정을 온전히 표현할 수 있을 것 같다.

브람스는 유럽 전역에서 유명했던 여성 피아니스트이자 로버트 슈만의 부인인 클라라 슈만과 각별한 사이였다. 브람스와 클라라는 편지를 통해 음악적 대화를 많이 나누었으며 일기와 같은 기록을 통해서도 두 사람이 친밀했다는 걸 쉽게 알 수 있다. 그들은 어떻게 만나게 되었을까? 무명의 청년 작곡가였던 브람스는 당시 명망 있는 음악 비평가이자 작곡가였던 슈만의 집에 찾아가 문을 두드렸다. 브람스의 재능을 한눈에 알아본 슈만은 브람스를 극찬했고 《음악 신보》라는 잡지에 유망주로 브람스를 소개하기도 했다. 음악을 통해 인연을 맺은 세 사람의 세기의 삼각관계도 그렇게 시작되었다.

물론 그 누구도 클라라와 브람스가 정확히 어떠한 사이였다고 정의할 수는 없다. 하지만 그들이 누구보다 서로를 믿고 의지했던 건 확실하다. 특히 로버트 슈만이 그의 인생 후반에 정신병을 앓으면서 계속해서 스스로 목숨을 끊으려 했을 때 브람스는 정신병원에 있던 클라라 옆을 지키며 그를 도와주었을 정도로 서로를 진심으로 아꼈다.

브람스의 이 인터메조는 평생을 독신으로 살았던 브람스가 클라라에게 헌정한 곡이다. 어쩌면 내밀한 감정을 담은 이 곡은 클라라에게 보내고 싶었던 러브레터일지도 모른다. 브람스가 클라라가 아닌 다른 사람을 생각하면서 이 곡을 썼을 수도 있지만 나는 느낄 수 있다. 이 음악은 러브레터가 확실하다는 것을 말이다.

그런데 나에겐 이 음악이 누구에게 전하려고 쓴 편지가 아니라 비밀스럽게 적은 일기장처럼 느껴진다. 그 정도로 브람스는 자신의 모든 감정을 이 음악에 쏟아냈다. 아마도 그는 그의 순수하고 열정적이며 복잡한 감정을 마음속에 꾹꾹 눌러 담고 살았을 것이다.

말로 표현할 수 없는 감정도 음악에는 모두 넣을 수 있다. 가슴 아프게 절절한 마음, 슬픔, 사랑, 열정, 희망, 순수함, 섬세함까지도. 브람스를 직접 만나본 적은 없지만, 우리는 음악만으로도 그의 감정을 느낄 수 있다. 당신도 아프도록 깊은 그의 사랑이 느껴지는가?

김지윤 피아니스트가 연주한
브람스의 인터메조(Op.118 No.2)

3악장

연습하라,
상상이 현실이 될 때까지

왜냐고 묻지 말고,
어떻게 해낼지 고민하라

✦

인디애나대학교를 다닐 때 학교에서 열린 협주곡 콩쿠르에 나갔다가 떨어진 적이 있다. 그 콩쿠르에 나가기 위해 정말 오래도록 연습했고 담당 교수님도 나의 입상 가능성을 여러 번 언급하신 터라 그만큼 실망도 컸다. 이후 나의 멘토인 데이비드 브레머 목사님께 내가 얼마큼 열심히 연습했는지, 내가 얼마나 입상하길 바랐는지, 콩쿠르에 떨어져서 얼마나 속상한지를 솔직하게 털어놓았다.

"저는 정말 죽을 만큼 열심히 준비했어요. 제가 왜 떨어진 거죠? 더 잘할 수 있었는데 모든 걸 보여주지 못한 것 같아 너무 속상해요."

그 투정에 목사님은 눈 하나 깜짝하지 않고 차갑고 심각한 얼굴로 짧게 말씀하셨다.

"그 일이 왜 일어났는지 묻지 말고, '이제 무엇을 해야 하지?'라고 물어. 네가 해야 할 것은 단 한 가지야. 학교로 돌아가서 다시 연습에 전념하는 것."

그것뿐이었다. 목사님은 나를 달래주려는 마음이 없는 것 같았다. 그 말을 듣자 나를 이해해 주기는커녕 위로의 말 한마디를 안 해주는 그가 원망스러웠다. 그러나 실은 나도 결과를 받아들이고 다시 내 자리로 돌아가야 한다는 걸 잘 알고 있었다. 다만 쉽사리 그 결과를 받아들이지 못했던 것이다.

그분이 돌아가신 지 6년이라는 세월이 지났지만, 지금도 나는 인생의 고비를 만나 마음이 힘들어질 때마다 그날의 대화를 떠올린다. 이제는 목사님의 말뜻을 조금은 알 것 같다. 부정적인 생각의 굴레에서 벗어나 지금 이 상황에 집중하라는 조언이었다. 내 관심이 과거에 머물러 있지 않고 지금 이 자리에 존재할 수 있도록 말이다.

나는 안 좋은 일이 있을 때마다 '하필 왜 나한테 이런 일이 일어났을까?' 하고 투정하며 불평하곤 했다. 당연히 그것만으로는 문제를 해결할 수 없다. 그 일이 왜 일어났는지 따지기보다 갑작스레 찾아오는 어려움을 받아들이고 또다시 앞으로 나아가는 법을 배우는 게 더 중요했다. 지금 내가 해야 할 일에 집중하는 건 내가 현실에 발을 디디고 그 상황을 일단 받아들였다는 의미다. 또한 다음 대책을 마련하겠다는 결연한 의지를 다잡는 시간이기도 하다.

한 곡의 음악을 배우고 연습하고 연주하는 수만 가지의 과정도 마찬가지다. 지금 내가 연주하는 음악에 집중하는 것보다 더 중요한 건 없다. '저번에는 이 곡을 잘 연주했는데 왜 오늘은 내 뜻대로 잘 안되지?', '어제 그 부분에서 왜 실수했을까? 수만 번 연주했던 곡이잖아' 하는 투정은 오히려 연주를 방해했다. 대신 '오늘은 어떻게 연습하면 좋을까?', '이 부분이 특히 어려운데 어떻게 집중하면 좋을까?' 하는 질문을 던질 때마다 지금 이 연습을 이어가기 위한 새로운 힘이 생겼다.

그렇게 지금 이 순간의 연습에만 집중하면 자연스럽게 '과정'에 더 신경 쓸 수 있었다. 많은 사람들은 피아니스트가 하나의 연주회만을 최종 목적지 혹은 결승선으로 삼는다고 생각할지 모르지만, 나에게 연주회는 이 모든 과정을 잠시 축하하는 날일 뿐 결승선은 아니다. 우리가 여행 중에 잠시 휴게소에 들르는 것처럼 나는 무대에 올라 내 마음을 모두 내려놓고 에너지를 받는다. 무대가 끝난 뒤 평소에 연습을 할 때도 음악과 함께하는 나의 여행은 끝나지 않는다.

항상 어떤 곡을 꽤 오랫동안 연습하고, 그 곡들로 투어를 하고, 좋은 기술과 나만의 해석으로 곡을 잘 다듬었다면 언젠가 '내가 이 곡을 다 파악했다' 혹은 '이 곡은 이제 끝났다' 하고 말하는 날이 왔으면 좋겠다. 하지만 어떤 음악도 절대 끝나지 않았고 음악을 완전히 성취하는 날도 오지 않았다. 내가 잘 알고 있다고 생각했던 곡도 언제나 무대에선 새롭게 다가왔고, 일이 년 동안 연습을 하지 않은 곡은 전에 그 곡을 얼마나 잘 쳤느냐에 상관없이 낯설게 다가왔다. 음악은 언제나 무한히 광활하고 방대했다.

솔직하게 말하자면, 음악의 무한성이 때론 버겁다. 아무리 열심히 연습을 해도 무대에서는 언제나 음악이 낯설게 다가왔고 내가 작아지는 것처럼 느껴졌기 때문이다. 그런데 또 재미있는 건 음악이 매번 새롭기에 내가 생각하지 못했던 아이디어와 표현이 선물처럼 나에게 다가올 때도 있다는 것이다. 그렇게 '절대로 끝나지 않는다'는 말의 또 다른 의미는 언제나 발전의 가능성이 열려 있다는 뜻이기도 했다. 이런 과정을 거치며 나는 이 모든 과정이 나의 목적지이자 결승선이라는 걸 배웠다. 그리고 그 사실을 알게 되자 나는 모든 것을 더 쉽고 가볍게 받아들일 수 있게 되었다.

내가 바라는 단 한 가지는 피아노를 계속 치는 것이다. 목표로 하는 어느 곳에 도달하여 끝이 나는 게 아니라, 무대에서의 연주든 혼자서 연습하는 시간이든 음악이 나에게 선사하는 마법과 같은 시간을 즐기며 끊임없이 음악이 주는 행복감을 느끼고 싶다. 이것을 깨우치자 연주와 연습의 경계선이 모호해졌다. 그래서 나의 연습은 더 활기가 넘친다. 내가 피아노를 치는 한 나와 음악 사이에서 벌어지는 행복한 보물찾기는 끝나지 않을 것이다.

이제 나는 과정이 주는 행복을 조금은 알 것 같다. 그건 온전히 지금 이 순간에 몰두했을 때 진정으로 다가오는 선물이다. 나는 우리 모두가 끊임없이 변화한다는 사실이 참 좋다. 난관에 부딪히고 실패하더라도 더 나은 사람으로 발전하는 또 하나의 과정일 뿐이니까.

거북이가 토끼에게
대결을 신청한 이유

　　1984년 부산시 개금동. 늘어놓을 '개', 거문고 '금' 자를 쓰는 이곳의 지명은 마을의 형상이 거문고처럼 늘어선 데서 유래했다고도 하고, 임진왜란으로 피란을 가던 백성들이 가야금 소리를 듣고 정착한 데서 유래했다고도 한다. 거문고 소리가 들리는 이곳에서 태어나고 자란 나는 네 살부터 피아노를 배웠다. 동네의 작은 피아노 학원으로 가는 길은 아직도 생생히 기억난다. 동네 슈퍼를 지나갈 때면 늘 주인 아저씨가 "우리 귀염둥이, 오늘도 학원 가니?" 하며 말을 건네셨다. 길 건너편에는 포장마차가 있었는데 주머니 속 동전을 만지작거리다가 떡볶이를 먹고 싶은 마음을 꾹 참고 발길을 돌리곤 했다. 피아노 학원은 그렇게 멀지 않았지만, 네 살이었던 나에겐 학원 가는 길이 언제나 흥미로운 여행이었다.

주말만 제외하고 매일같이 오후 2시가 되면 나는 혼자 피아노 학원 가방을 챙겨 학원으로 갔다. 부모님은 사업을 하시느라 늘 바빴기 때문에 나는 많은 일을 스스로 챙겨야 했다. 나는 꼬마 사업가가 된 것처럼 모든 일상 속의 일들을 아주 중요하게 생각하고 실행해 나갔다.

어릴 때 다니던 피아노 학원은 평범한 가정집 안에 있었다. 신발을 벗고 마루바닥으로 들어갈 때면 거실에서 레슨을 하고 계시던 선생님이 늘 웃으면서 날 반겨주셨다. 지정된 피아노에 앉아서 '하농 피아노 연습곡 60번'을 펼치고 손가락 테크닉을 연습했다. 악보 위에는 그 전날에 선생님께서 그려주신 사과가 20개 정도 있었고 나는 리듬을 바꿔가면서 연습을 하고 연습이 한 번 끝날 때마다 하나의 사과에 연필로 선을 가로질러 표시했다.

지금 생각해 보면 그때의 모든 세세한 일상은 내가 피아니스트로서 평생 지켜야 할 습관을 길들이기 위한 기초가 되었다. 아침밥을 먹고 양치질을 하는 것처럼, 나에게 피아노 학원을 가는 것은 평범한 일상 중 하나였다. 나는 늘 학원을 갔고 그렇게 매일 연습을 했다.

사람들은 음악 분야에 타고난 재능이 중요하다고 믿는 것 같다. 그런데 토끼와 거북이 이야기처럼 클래식 음악 세계에서도 재능이 전부는 아니다. 피아노를 가르치며 나는 음악적 재능을 타고난 학생들을 많이 만날 수 있었다. 어떤 아이는 조금만 가르쳐도 내재된 리듬감이 생생하게 살아 있는 연주를 해냈고, 어떤 아이는 손가락의 움직임이 다른 학생들보다 훨씬 민첩하고 유연했다. 날 때부터 운동 신경을 갖춘 토끼처럼, 이 학생들은 선천적으로 특별한 음악적 재능을 갖고 있었다. 내가 생각하기에 이 학생들은 모두 세계를 누비는 전문 연주자로 성장하기에 충분했다. 단, 지금부터 수십 년간 모든 노력을 다해 꾸준히 달리기만 한다면 말이다.

그런데 재능이 있는 학생들에게는 대부분 중요한 한 가지가 결여되어 있었다. 바로 계속해서 끈질기게 노력하는 꾸준함이다. 그 학생들은 아주 훌륭한 음악적 능력을 가지고 있음에도 그 능력을 너무 쉽게 얻은 탓에 노력하는 법을 제대로 배우지 못했다. 보통 마지막 순간까지 연습을 미루다가 시험이나 레슨 전날 한 번에 몰아서 연습하곤 했다. 또한 자신의 재능에만 의존했기 때문에 음악에 진지하게 몰두하거나 꾸준한 연습을 통해 발전하려는 겸손한 자세가 부족했다. 나도 그 까닭은 알 수 없다. 어쩌면 신은 이렇게 공평한 건지도 모른다.

내가 지금까지 가르쳐온 학생들, 그리고 나와 함께 음악을 전공한 친구들을 함께 생각해 보더라도 토끼와 거북이의 대결 결과는 어쩌면 너무도 당연해 보인다. 어릴 적 특별한 재능이 보이지 않았던 제자 한 명은 수년이 지난 지금 아주 훌륭한 음악가가 되어 활동하는가 하면, 나와 같은 예술고등학교를 다니면서 한 번도 피아노 시험에서 1등을 놓친 적이 없고 수많은 콩쿠르를 최고상으로 휩쓸었던 친구는 원하는 대학에 들어가자 음악에 흥미를 잃고 완전히 다른 길로 접어들었다.

이제 나는 '재능'이 무엇을 말하는지 잘 모르겠다. 재능이라는 게 과연 존재하기나 할까? 만약 존재한다면 어떤 능력을 재능이라 불러야 할까? 최소한 음악적 재능이라는 건 단기간에 얻어지는 게 아니라, 평생 동안 양파의 껍질을 벗기듯 하나씩 더 깊이 알아가고 찾아내면서 발전시키는 것이라고 믿는다. 그래서 음악을 향한 사랑의 불씨를 잃지 않으면서 더 크고 의미 있는 불씨를 만들고 싶다면 또 다른 연료가 필요하다. 그건 절대로 멈추지 않는 '꾸준함'이다.

다행히도 이 꾸준함은 누구나 노력하면 스스로 발전시킬 수 있다.

다시 토끼와 거북이 이야기로 돌아가서, 거북이는 토끼에게 질 게 뻔한데도 왜 먼저 대결을 하자고 제안했을까? 거북이는 다른 동물들이 자신을 엉뚱한 대결을 제안하는 바보라고 생각해도 괜찮았던 걸까? 정말로 토끼의 뛰어난 재능을 이길 수 있다고 생각했을까?

그 질문에 내가 내린 결론은 단순하다. 그 대결의 실제 상대는 토끼가 아니라 거북이 자신이었을 것이다. 거북이에게 그 대결은 결과가 뻔하더라도 자신을 발전시킬 수 있는 좋은 기회였다. 거북이는 끝까지 포기하지 않겠다는 정신으로 무장하고 있었고, 토끼와 대결하면서 느리지만 꾸준히 한 걸음, 한 걸음씩 앞으로 나가는 그 성취감을 즐겼을 것이다. 거북이는 다른 동물에게 보여주거나 토끼를 이기려고 이 대결을 제안하지 않았다는 게 내 해석이다. 거북이는 자신을 위해서, 스스로 발전하고자 대결하는 내내 쉬지 않고 걸었을 것이다.

사람들은 종종 내가 태어날 때부터 다른 사람들과는 다른 엄청난 의지력을 타고났다고 생각한다. 하지만 나는 내가 지극히 평범한 데다가 다른 사람들보다 특별히 의지력이 강하다고도 생각하지 않는다. 다만 한 가지 비밀이 있다면, 나는 무슨 일이든 계속할 수 있는 습관의 시스템을 만드는 데 익숙하다는 것이다.

습관의 시스템이라고 하면 거창하게 들리지만, 아주 강력하고도 간단한 원리를 발견한 것에 가깝다. 그 원칙 중 하나는 매일 무언가를 하는 것이 가끔 하는 것보다 훨씬 쉽다는 거다. 내가 일주일에 세 번만 피아노를 연습한다면 그것은 매일 연습하는 것보다 훨씬 어려우리라 장담한다. 지금도 나는 매일 아침을 먹은 뒤 9시부터 피아노를 연습한다. 만약 내가 매일 아침 눈을 떴을 때 '오늘은 언제 피아노 연습을 할까' 하고 고민한다면, 그것만으로도 이미 정신적인 에너지를 너무 많이 써서 지쳐버렸거나 오래전에 피아노를 그만뒀을지도 모른다.

나는 이 방법을 다른 사람에게도 자주 추천한다. 언젠가 한 학생이 매일 연습하는 게 너무 어려워서 어떻게 해야 할지 모르겠다고 조언을 구한 적이 있다. 그래서 언제 연습을 하는지 물어봤더니 그 학생의 연습 습관에 큰 문제가 있음을 알 수 있었다. 일단 연습 시간이 늘 달랐다. 언제는 하루 일과가 모두 끝나고 30분 정도 여유가 있을 때 하고, 또 언제는 점심밥을 먹은 뒤에 한다고 했다. 그뿐만 아니라 다른 일과에 밀려 피아노 연습이 2순위가 되기도 했다. 그 학생은 항상 마음속으로는 매일 연습하고 싶은 욕심이 있었지만 그만큼 실천해 내지 못했다. 레슨을 받으러 왔을 때 가끔 물어보면 일주일에 한두 번 겨우 연습했다고 토로하곤 했다.

나는 그 학생에게 한 가지 제안을 했다. 피아노 연습을 평소 습관처럼 하는 행동 뒤에 바로 연결해 보자는 것이었다. 그 학생은 매일 오후 원두커피를 내려 마시는 습관이 있었고, 나는 학생에게 커피를 마신 직후에 피아노 연습을 딱 10분만 해보라고 제안했다.

10분이라는 아주 짧은 시간으로 시작하는 것도 매우 중요했다. 처음 습관을 만들 때에는 가장 간편하게 실행하는 게 좋기 때문이다. 만약 이 학생이 커피를 마신 후에 어느 날은 30분을 연습하고 어느 날은 1시간을 연습하면서 습관을 만들려고 했다면, 매일 연습을 이어나가기가 어려웠을 것이다. 이런저런 핑계를 대면서 연습을 빠뜨린다면 피아노 연습을 매일의 습관으로 만들 기회를 영영 놓치게 된다. 그렇게 3주 동안 오후에 커피를 마신 후 10분만 피아노 연습을 꾸준히 하고 3주가 지난 다음에 더 길게 연습하기로 학생과 약속했다.

이 '습관 만들기' 실험은 성공적이었다. 학생은 커피를 마신 후 10분씩 하는 연습을 3주 동안 꾸준히 마쳤고 그 이후부터 연습 시간을 더 늘려갔다. 습관 만들기 프로젝트를 성공적으로 마친 그는 지금까지도 오후에 커피를 마신 후 항상 피아노를 연습한다. 피아노 연습이 특별한 행동이 아니라 하나의 습관처럼 이어졌기 때문에 그는 더 훌륭한 피아니스트로 거듭날 수 있었다.

어릴 적 피아노 학원을 다녔을 때 나도 15분에서 20분 정도 혼자 연습하고 난 뒤 선생님께 레슨을 받았다. 그렇게 학원을 마치고 나오는 길에는 항상 '아, 재미있다' 하면서 콧노래를 불렀던 것 같다. 학원에 가는 것도, 매일 학원에서 연습하는 것도 힘들지 않았다. '언제 피아노 학원을 갈까' 하는 생각도 한 적이 없다. 오후 2시가 되면 어김없이 피아노 가방을 들고 집을 나왔으니까. 지금도 나는 아침을 먹은 뒤 9시가 되면 피아노 연습을 시작한다.

꼭 피아노 연습이 아니더라도 습관을 만들기 위해 내가 하는 행동은 단 한 가지다. 바로 그 과정을 아주 단순하게 만드는 거다. 혹시 당신도 습관으로 만들고 싶은 행동이 있는가? 그렇다면 아주 작은 것부터 시작하기를 조언하고 싶다. 이미 하고 있는 습관 바로 뒤에 3주 동안만 꾸준히 해 보자. 그리고 이때 가장 중요한 건 그 3주 동안에는 아주 작게만 실천하는 거다. 쓸 수 있는 에너지의 10분의 1정도만 쏟는다는 생각으로 말이다.

　습관을 만드는 데 지나치게 노력할 필요는 없다. 가볍고 재미있게, 그렇지만 꾸준히만 하면 된다. 내 의지력이 특별히 강한 것이 아니다. 내가 길들인 일상 습관이 나를 매일 연습할 수 있게 이끌어 준다. 그리고 매일의 습관은 어떤 일이든지 이루어낸다.

상상의 힘

피아노 제자인 엘리자베스가 그의 첫 피아노 독주회를 준비하고 있을 때였다. 그는 연주회를 앞두고 몹시 불안해했다. 이야기를 들어보니 무대에서 큰 실수를 해서 연주를 성공적으로 끝내지 못하리라는 걱정에 사로잡혀 있었다. 어린 시절 나를 괴롭혔던 두려움과 정말 비슷했다. 나도 무대 공포증을 극복하기 위해 많은 노력을 기울였기에 그에게 나만의 해결 방법을 알려주었다. 그 방법을 간략하게 설명하자면 아주 구체적이고 강력한 상상을 하는 것이다.

지금은 돌아가신 내 외할머니는 클래식 음악을 좋아하지 않으셨다. 그것보다는 남진이 부른 가요 같은 구수한 트로트를 더 좋아하셨다. 그런 취향 차이에도 불구하고 내가 피아노를 칠 때면 할머니는 세상에서 가장 따뜻한 눈빛으로 나를 바라보시며 한 음 한 음 그 소리가 어디 도망이라도 갈까 잡으려는 사람처럼 소중하게 들으셨다. 그렇게 따뜻한 오후에 햇살로 일광욕을 하듯 모든 감각으로 음악을 받아들이시는 할머니에게는 그 존재만으로도 늘 나의 모든 영혼을 감싸 안아 보듬는 마법이 있었다. 내가 혹 실수를 하더라도 할머니의 마음이 달라지겠는가? 그 공간에서 나는 그렇게 온전히 나로서 받아들여졌다.

그래서 나는 어떤 관객 앞에서 연주를 하더라도 할머니의 존재를 떠올리며 할머니가 나를 바라보던 그 눈빛을 생각한다. 할머니의 마음 안에서 나의 모든 음악이 온전히 받아들여지고, 그 자체로 세상에서 가장 아름다운 소리였던 것처럼 그렇게 받아들여지리라고 믿는 것이다.

나는 이렇게 상상한다. '내가 연주하는 음악을 자애롭고 인자한 사람이 듣고 있다. 그 사람은 나를 비판하지도, 누구와 비교하지도 않는다. 그러면서 나의 음악을 온전히 받아들일 수 있는 마음의 준비가 되어 있다.' 모든 사람은 어떤 렌즈로 세상을 볼 것인지를 선택할 수 있다고 생각한다. 나는 이렇게 세상을 바라보기로 했다.

그렇지만 아무리 관점을 바꾸려고 해도 잘되지 않을 때도 있다. 그러면 나는 머릿속으로 긍정적인 세상을 더욱 생생하게 그려보려고 한다. "성공할 때까지 성공한 척하라"라는 말처럼, 어떤 것이 어렵고 힘들 때 그것에 계속해서 부딪치고 오히려 쉬운 일이라고 자신을 속이면서 그 머릿속 현실을 바꾸기 위해 상상해 보는 노력이 필요한 것 같다.

예를 들어 나는 연주가 있기 전에 연주 당일 일어날 일에 대해 아주 세부적인 것까지 생생하게 머리로 그려보는 훈련을 한다. 몇 시에 일어나서 아침으로 무엇을 먹고 어떤 옷을 입고 그 시간에 내가 무엇을 생각하고 있을지도 미리 상상한다. 그 가상의 시나리오는 내가 마음대로 창조해 낼 수 있는 완벽한 하루로 이루어져 있다.

그리고 내가 무대로 걸어 나갈 때 나는 모든 관객이 환성을 지르며 나를 환영하는 장면을 상상한다. 관객들이 이 연주를 들으며 나와 함께 음악으로 교감하리라는 행복한 상상을 한다. 그들 모두는 과거도 미래도 아닌, 현재에 나와 함께 존재하며 그 순간, 그 공간을 공유하는 그들 앞에는 다른 피아니스트가 아닌 내가 존재한다. 그리고 그 연주는 단 한 번, 지금 이 순간에만 가능한 세상에서 가장 특별한 경험이다. 지금 이 순간에만 존재할 수 있다는 건 너무나도 아름다운 일이며 피아니스트인 나를 참 자유롭게 한다.

따뜻한 관객을 상상하는 것뿐만 아니라 나 자신도 세상에서 가장 행복하고, 따뜻하고, 자애롭고, 사랑을 주는 피아니스트라 상상한다. 무대에 올라선 나는 누구보다 음악으로 소통하길 원하고, 음악을 나누는 일을 사랑한다. 나는 공포심에 떨며 무대로 걸어 나가지 않으며, 다른 피아니스트와 자신을 비교하지도 않고, 무대에서 실수할 것이라는 부정적인 마음도 없다. 나는 그렇게 내 머릿속에서 내가 어떠한 연주자가 되고 싶은지를 의식적으로 선택하고 그 모습을 아주 선명하게 그린다.

우리는 우리의 정신이 상상 이상으로 큰 위력을 발휘한다는 걸 자주 잊는다. 이런 긍정적인 상상 훈련은 생각보다 엄청난 힘이 있다. 그날이 왔을 때 머릿속에서 끊임없이 살아보았던 최고의 시나리오를 현실에서 그대로 재현하기만 하면 된다. 나는 내 유일한 인생의 관리자이며 내 관점과 행동을 보다 좋은 방향으로 선택한다. 그렇게 나는 벼랑 끝으로 치달을 것처럼 두려웠던 길을 아름답고 즐거운 꽃길로 바꾸어낼 수 있었다.

통제할 수 없는 것을 생각할 때 걱정하고 두려워하는 마음은 더 커진다. 만약 우리가 통제할 수 없는 것에 에너지를 쓰고 있다면 그 생각을 당장 놓아버리고, 우리가 통제할 수 있는 것에 집중력을 옮기자. 어떤 사람이 나의 능력을 칭찬하고 찬사를 보내기를 바라는 건 안타깝게도 나의 통제력 밖에서 벌어지는 일이다. 하지만 그 일을 어떻게 준비할지, 어떤 전략을 활용할지, 그 일을 할 때 어떤 마음가짐을 가질지는 얼마든지 내가 통제하고 선택할 수 있다. 당신이 통제할 수 있는 영역 안에서 지금 바꿔볼 수 있는 일이 정말 많다. 그러니 통제 가능한 일에만 집중해 보자.

통제할 수 있는 것에만 에너지를 쓰고, 통제할 수 없는 것에는 과감히 마음을 놓아버리기. 너무나 힘들고 어렵게 보이는 일인데 어찌 보면 해결책은 이렇게 단순하다.

더 적게, 대신
더 철저하게 하라

연주나 음악 프로젝트를 위해 뉴욕을 방문할 때마다 놀라운 경험을 한다. 내가 가장 효율적으로 피아노를 연습한다고 느낄 때가 바로 뉴욕에서 연습할 때이기 때문이다. 뉴욕의 물가는 정말 비싸기 때문에 피아노 연습실을 빌릴 때에도 많은 돈을 내야 한다. 당연히 일분일초가 아까울 수밖에 없다. 호텔에서 연습실까지 20분여 분을 걸어가는 동안 나는 연습실에 도착한 이후 두 시간 동안 무엇을 어떻게 연습할지 머릿속으로 계획을 면밀히 세우곤 한다. 능률을 높이는 연습 방법을 찾기 위해 머리가 팽팽 돌아간다. 내가 시간을 충분히 활용할 수 있는 곳에서 연습하는 시간과, 돈을 내고 연습을 해야 하는 시간은 나에게 주어진 똑같은 시간인데도 너무나도 다른 경험을 안겨주었다. 그렇다면 시간에 대한 이런 마음가짐을 어떻게 하면 다른 일상에도 적용할 수 있을까?

"하루에 몇 시간 연습하세요?" 아마도 이 질문은 내가 가장 흔히 받는 질문 중 하나일 것이다. 일단 이 질문은 누구보다 나 자신에게 가장 많이 던지는 질문임에는 확실하다. 그렇지만 늘 정확히 몇 시간이라고 딱 잘라 말하기가 어려웠다. 얼마나 연습해야 충분할까? 그게 또 충분하다는 것을 어떻게 알 수 있을까?

내가 부산에서 예술고등학교를 다닐 때 선배나 선생님들은 자거나 먹거나 화장실을 갈 때 빼고는 늘 피아노를 연습해야 한다고 농담처럼 말씀하셨다. 물론 나 역시 한 번도 그 말을 진심으로 받아들인 적은 없었지만, 여름방학이 다가올 때면 늘 결의에 찬 목소리로 "이번 방학에는 아무것도 안하고 진짜 피아노만 칠 거야!"라고 말하긴 했다. 물론 피아노만 치는 여름방학은 한 번도 없었지만 말이다. 매일 밤 '내일부터는 진짜 피아노 연습만 해야지'라고 다짐하며 잠들었는데, 그다음 날이 되면 어김없이 똑같은 다짐을 하게 되는 날들이 이어졌다고나 할까. 고등학교 때는 늘 하루에 7시간 이상 연습하겠다고 계획을 세웠지만 보통 2시간에서 3시간, 그러다 아주 가끔 5시간씩 연습을 하곤 했다.

내가 가장 길게 연습한 기록은 아마 박사과정 학위를 할 때에나 가능했던 6시간 안팎인 것 같다. 그때도 이런 기록은 정말 미친 척하고 도전했던 며칠 동안에만 가능했고, 그만큼의 연습 시간을 매일의 습관으로 만들어 실천하지는 못했다.

물론 주변의 피아니스트 친구 중 이런 초인적인 연습 시간을 늘 유지하던 친구도 있었다. 그 친구들의 연습은 학교 건물이 잠긴 저녁 10시 이후부터 밤이 새도록 이어졌다. 아침에 첫 강의를 들으러 갈 때면 그 친구들은 그제서야 베토벤 소나타 악보를 팔에 끼고 피곤한 얼굴로 몽롱하게 학교를 나오곤 했다. 나와 복도에서 마주칠 때면, 전날에 처음 배운 베토벤 소나타를 다 외웠다며 무덤덤하게 연습 상황을 알려주고는 '이제 자러 들어갈게' 하고 말하곤 했다. '내가 연습을 충분히 하고 있는 걸까' 하며 끊임없이 채찍질했던 이유도 이런 광적인 음악가들에게 오랫동안 둘러싸여 지내면서 현실 감각이 무뎌져 버렸기 때문인지도 모른다. 인간이 도달할 수 있는 한계를 가볍게 넘어선 듯한 초인적인 존재가 내 눈앞에 이렇게 떡하니 있었으니 말이다.

예술고등학교를 거쳐 15년 이상 음악을 공부하고 전문 연주가로 살아온 지난 10년 동안 깨달은 사실이 있다. 바로 지금까지 내가 충분히 연습하고 있었다는 것이다. 비록 한두 시간, 아니면 그보다 더 적게 연습하는 날도 있었지만 그건 그날의 체력이나 정신 상태를 생각해 보면 충분한 양이었다. 그렇기에 나는 시간의 절대적인 '양'을 따지기보다는 연습하는 동안 어떻게 더 효율적으로 시간을 사용할지를 더 고민하게 되었다. 시간의 양보다 어떻게 연습하는가가 더 중요하다는 지혜를 얻었기 때문이다.

매일 나는 연습하기 전에 그날의 전략을 짠다. 하루는 선율을 노래로 불러보며 춤을 췄다면, 하루는 왼손 연습에만 집중하거나, 실제 연주처럼 관객이 있다고 상상하며 곡 전체를 연주해 보는 식으로 여러 방법을 동원한다. 그렇게 나는 24시간을 함께하는 나 자신의 코치가 되어 매일 어떻게 연습할지 끊임없이 탐구하고 생각하는 역할도 해낸다. 나는 연주자이며 코치이고 매니저이며 트레이너인 것이다.

피아노 연습을 한다는 건 피아노 의자에 앉아서 단지

손가락만 움직이는 것이 아니라 머리로 전략을 계획하고, 음악을 분석하고, 상황에 맞는 반응을 보이는 문제 해결 과정이다. 아무 생각 없이 필드에 나온 뒤에야 '오늘은 뭘 훈련하지?'라고 묻는다면 최고의 코치가 될 수 없다. 나는 오늘 내가 할 훈련의 계획과 목표, 그리고 실행 전략을 피아노에 앉기 전부터 미리 생각한다.

이런 계획은 우리가 하루의 시간을 어떻게 쓰고, 하나의 일을 할 때 시간이 얼마나 필요한지를 가늠하는 현실적 감각을 높여준다. 나는 내가 2시간의 피아노 연습 시간을 채우기 위해서 2시간 30분이나 3시간의 연습 계획을 세워야 그 연습량에 도달할 수 있다는 걸 잘 알고 있다. 어떤 시간만큼 연습하고자 할 때 적절한 휴식 시간이 있어야 목표로 한 시간 동안 집중할 수 있다는 걸 배웠기 때문이다.

이렇게 시간 계획을 세워둔 덕분에 어떠한 일을 실행할 때 더욱 집중할 수 있다. 집중을 방해하는 다른 요소들을 미리 차단해 두었기 때문이다. 이 시간 동안 나는 온전히 한 가지 일에 집중할 수 있기에 자연스럽게 자유로움과 창조성이 탄생하곤 한다.

또 하나 중요한 건, 한 번에 한 가지 일에만 집중하는 습관이다. 예술고등학교 시절에 들었던 '잠을 자거나 식사를 하거나 화장실 가는 시간을 제외하고 언제나 연습하라'는 조언은 아주 해로운 영향을 미친다고 생각한다. 절대적인 시간의 양보다 중요한 건 매 순간 온전히 집중할 수 있는 정신력과 집중력이었다. 피아노를 연주할 때는 내가 표현하려는 음악의 모습에 몸과 마음이 모두 협력해야 원하는 바를 겨우 이룰 수 있었으니 말이다. 연습할 때 저녁에 무엇을 먹을지, 연습을 끝내고 어떤 일을 더 처리해야 하는지 등 다른 생각을 하면서는 온전히 음악에 집중할 수 없다. 피아노 연습을 제대로 한다는 건 나의 행동과 생각이 과거나 미래가 아닌 '지금 이 순간'에 존재해야만 가능하다.

게다가 그렇게 집중적으로 연습을 해야 완전한 휴식이 가능하다. 한 가지 일에 집중할 수 있다면 쉬거나 놀 때도 마음을 놓고 온전히 빠져들 수 있다. 쉬거나 책을 읽거나 걸으며 음악과 관련 없는 일을 할 때 제대로 끝마치지 못한 일이 불쑥불쑥 떠오르지 않으려면 말이다.

나는 한 가지 일에 전념하는 능력을 다른 곳에도 적용하고자 노력한다. 혼자 운동을 할 때에도 텔레비전을 보거나 음악을 듣지 않고, 호흡에 집중하면서 몸의 움직임에만 몰입한다. 빠른 음악을 들으며 운동하면 더 리듬감 있고 활기차게 운동을 할 수 있다고들 하지만, 오히려 나는 정적이고 고요한 시간 속에 몸과 마음을 맡기고 하나에 집중할 때 느껴지는 힘에 더 빠져드는 것 같다. 운동하는 시간은 그렇게 내 자신과 만날 수 있는 좋은 기회가 된다. 머릿속 많은 생각들이 혼자 떠돌아다니게 내버려두면 그 시간만큼은 어떠한 물리적 시간도, 외부에서 방해하는 요인도 없는 나만의 평화로운 세계가 펼쳐진다. 그렇게 나의 인생이 온전히 빠져들고 몰입한 순간들로 더 많이 채워지길 소망한다.

이렇게 한 가지에 집중하는 자세는 미래나 과거가 아닌 지금 이 현재를 즐기고 만끽할 수 있도록 돕는다. 내가 하루를 미리 계획하는 이유는 그 시간 동안 아무런 방해도 받지 않고 온전히 집중하기 위함이다. 물론 나도 늘 100퍼센트 집중하지는 못하지만, 계획을 미리 세우면 그날의 우선순위를 이미 파악하고 있기 때문에 방해 요소가 있다고 하더라도 더 쉽게 나의 하루를 경영할 수 있다.

지금 당장 실천하려는 한 가지 일은 무엇인가? 그 일의 중요성을 정확히 이해하고 있는가? 하루를 미리 계획하고 디자인해 보길 바란다. 이렇게 시작해보자. 타이머를 30분으로 맞추고 그 시간만큼은 주변 모든 세계와 단절된 채 그 일에 온전히 집중해보는 거다. 그래서 지금 무엇에 집중하고 싶은지 혹은 집중하고 싶지 않은지를 더 예민하게 판단하는 능력을 기르길 바란다. 이런 연습을 통해 자신이 어떻게 시간을 사용할지, 또 무엇에 가치를 둘지를 뚜렷하게 파악할 수 있을 것이다. 시간을 완전히 잊어버릴 정도로 집중하는 순간은 시간의 중요성을 알고 있을 때 비로소 탄생한다.

행동은
생각의 거울이다

★

게리 채프먼은 『다섯 가지 사랑의 언어』라는 책에서 사람들이 상대에게 사랑을 확인하는 언어가 서로 다를 수 있다고 설명한다. 상대가 사랑을 표현하는 언어와 내가 사랑을 확인하는 언어가 같다면 충분히 사랑받고 있다고 느끼지만, 만약 그렇지 못하다면 상대가 아무리 많은 사랑을 준대도 사랑받지 못한다고 느낄 가능성이 크다. 채프먼이 소개하는 다섯 가지 사랑의 언어에는 '상대를 인정하고 격려하는 말', '함께 보내는 시간', '물질적인 선물', '봉사(행동)', '신체 접촉(스킨십)'이 있다.

그의 이론은 사랑하는 사람끼리의 언어를 말하는 것

이지만, 나는 이를 좀 더 확장해 볼 수 있다고 생각한다. 이 다섯 언어를 통해 우리는 자신이 타인 혹은 외부 세계를 향한 관심을 어떻게 표현하느냐를 알 수 있지 않을까? 예컨대 나는 무대에서 연주할 때마다 채프먼이 설명하는 사랑의 언어 중 '행동'을 사용한다. 내가 사랑하는 음악 연주를 통해 다른 사람과 음악의 힘을 나누고 다른 사람에게 희망을 불어넣는 다리 역할을 하는 것이다.

나는 굳이 말로 표현하지 않아도 우리 마음을 전할 수 있는 방법은 얼마든지 있다고 생각한다. 가족을 위해 요리를 하는 건 가족을 아끼고 사랑한다는 표현이고 뒤에 오는 사람을 위해 문을 잡아주는 것도 뒷사람을 배려하는 마음의 표현이며 플라스틱을 덜 쓰려는 노력은 지구 환경에 관심이 있다는 표현이다. 이렇게 행동은 내가 누구인지, 어떤 가치를 추구하는지를 표현하는 거울과도 같다.

관심사를 더 쉽게 파악할 수 있는 방법은 그 사람이 돈을 어디에 쓰느냐를 살펴보는 것이다. 이건 외할아버지께서 아주 오래전 나에게 해주신 말씀이기도 하다. 그 말을 들었을 때 나는 왠지 모르게 죄책감이 들었던 기억이 난다. 누군가 당시 나의 영수증을 본다면, 내가 개선해야 할 부분이 많다는 걸 알고 있었기에 불편한 마음도 들었다. 그만큼

'행동'에는 그 사람을 파악할 수 있는 많은 의미가 함축되어 있다.

　나는 나의 첫 음반을 크라우드 펀딩의 형식으로 제작했다. 크라우드 펀딩을 성공시키기 위해서는 많은 사람의 행동을 끌어내야 했다. 물론 프로젝트 내용에는 자신이 있었지만, 후원을 요청하는 건 완전히 다른 문제였다. 그래서 나는 방에서 혼자 수없이 연습하고 나서야 겨우 용기를 내서 주변 사람들에게 이 프로젝트에 후원해 달라는 말을 꺼낼 수 있었다. 수많은 방구석 연습을 마친 뒤 마침내 나는 만날 수 있는 사람은 직접 만나고 멀리 떨어져 있는 사람에게는 메일을 발송하여 프로젝트를 알리기 시작했다.

　결과적으로 프로젝트는 성공적으로 마무리되었다. 그런데 나는 이 프로젝트를 통해 재정적인 목표에 도달한 것보다 훨씬 더 값진 깨달음을 얻었다. 누군가 나를 후원하는 행동에는 나를 향한 따뜻한 메시지가 포함되어 있다는 것이다. 꼭 말로 표현하지 않더라도 '좋은 아이디어야', '너의 프로젝트를 응원해', '너를 응원하고 있어'와 같은 말들이 그들의 후원 안에 담겨 있었다. 후원을 받는 입장이 되자 돈이 사랑을 표현하는 사랑의 언어가 될 수 있다는 것도 새삼스럽게 알게 되었다.

미국 유학생으로 최소한의 돈만 겨우 벌면서 경제적인 어려움을 겪었을 때 나는 누군가를 재정적으로 지원할 생각조차 할 수 없었다. 점차 사정이 나아지면서 마침내 누군가를 지원할 수 있게 되었는데 그때 나는 타인을 돕는다는 게 엄청난 특권임을 실감했다. 나는 누군가를 도울 때마다 내 안의 어린아이를 돕는 듯한 느낌을 받는다. 다른 사람을 돕는 행동이 결국 내 마음을 위로한다고 느낄 때가 많다.

이제서야 나는 외할아버지가 하신 말씀의 의미를 조금 이해할 것 같다. 정말로, 행동은 말보다 강하다. 한 사람이 돈을 어디에 쓰는지를 알면 그 사람을 알 수 있다는 말은 나의 사소한 행동을 돌아보게 했다. 일상 속에서 나의 사소한 행동들은 나를 어떤 사람이라고 알려주고 있는가? 원하는 모습으로 살아가기 위해 나는 충분한 행동을 하고 있는가? 다른 사람을 향한 마음을 행동으로 표현하고 있는가?

나의 행동은 내 생각의 거울이다. 그리고 의식적으로 행동하기 위한 노력은 또다시 나에게 돌아와 긍정적인 영향을 끼친다. 나는 다른 사람과 소통하고 다른 사람을 도와주고 무언가를 나누면서 그렇게 다른 사람과 연결될 수 있었다. 그렇게 타인을 도울 수 있다는 건 나의 특권이자 세상이 나에게 준 선물이었다.

나는 음악을 통해 사람들의 마음을 채워주고 위로를 건넬 수 있는 메시지를 보낸다. 그리고 음악이라는 마법의 힘을 통해 누군가에게는 희망과 용기가 생기는 기적이 일어나기를 바란다. 그렇게 나는 다른 사람에 대한 내 사랑과 관심을 피아노 연주라는 행동으로 표현한다. 언제나 다른 사람에게 연민의 감정을 느끼고 공감할 수 있는 음악가가 될 수 있기를 오늘도 나는 꿈꾼다.

사랑하는 마음을
계속 가꾸는 법

　아무리 연습해도 도무지 실력이 늘지 않는다고 느낄 때가 있다. 피아노에 앉아 한 달 넘게 같은 악보를 펼쳐보지만, 도무지 진전이 없는 것 같은 때 말이다. 특히 까다로웠던 어떤 곡은 양손을 끊임없이 빠른 속도로 움직여야 하는 데다, 농도 짙은 화성과 복잡한 리듬 때문에 다른 곡보다 손에 익히는 시간이 더 오래 걸리는 듯했다. 똑같은 마디를 얼마만큼 반복했을까? 아직도 제자리 걸음. 리듬도 바꿔보고 음을 더 또렷하게 들으면서 천천히 치기를 몇 번 반복했다. 쉽게 연주되지 않는 네 마디는 매일 집중적으로 연습하며 한동안 씨름해야 할 것 같았다. 나는 피아노 옆에

둔 노트에 이렇게 적으며 마음을 다독였다. '반복 연습은 언제나 통한다.'

피아노 연습을 하다 보면 가끔 동굴 안에서 손전등 하나만 든 채 헤매는 듯한 느낌을 받을 때가 있다. 얼마를 더 노력해야 내가 도달하려는 수준에 이를 수 있는지는 알지 못한다. 앞으로 나아가고 있다는 증거가 하나도 없는데도 내가 지치지 않고 지속할 수 있는 것은, 내가 지금 발전하고 있다는 '믿음'을 갖고 있기 때문이다.

어떠한 물결도 일지 않는 잔잔한 호수에 혼자 떠 있는 듯한 이 불편한 감정이 사실 나에게는 너무도 익숙하다. 고요한 호수처럼 보일지라도 나는 매일 연습하며 나 스스로 물의 흐름을 만들고 있다. 그리고 그 흐름은 끊임없이 나를 움직인다. 비록 느낄 수 없어도, 나는 믿을 수 있다.

사람들은 연주회의 화려한 무대 조명과 멋진 연주홀, 그리고 객석을 가득 메운 관객들의 열띤 함성과 박수 소리 뒤에서 펼쳐지는 피아니스트의 삶을 잘 알지 못한다. 건반 위를 날아다니는 듯한 능숙한 연주는 '나는 지금 발전하고 있다'는 믿음으로 자신을 다잡으며 매일 고되게 연습했기에 가능한 일이다.

나에게 연습은 사랑의 감정과 비슷하다. 인간의 감정은 바람과도 같아서 들쭉날쭉한다. 어떤 날은 피아노 치는 일이 참 좋고 신나다가도 어떤 날은 너무 힘들고 버겁게 느껴지는 날도 있다. 하지만 그날 나의 감정이 어떻든 나는 내가 음악을 사랑한다는 걸 누구보다 잘 알고 있다. 그래서 나는 끊임없이 피아노 앞에 앉는 것으로 나의 마음을 표현한다. 때로 피아노 앞에 앉는 일조차 힘겨울 때도 있지만, 그럼에도 막상 앉아서 연습을 시작하면 처음의 힘든 감정은 어느새 사라지곤 한다.

이렇듯 나는 사랑하는 꽃나무에 물을 주듯 피아노를 향한 사랑의 마음을 수십 년간 가꾸고 있다. 일평생 함께 살아온 노부부가 서로를 위해 아침밥을 차려주고, 일상 속에서 서로를 배려하는 행동과 비슷하다고나 할까? 노부부는 마치 신혼인 것처럼 사랑이 넘치기 때문에 그렇게 행동하는 게 아니다. 매일 아침 상대방에게 어떤 감정을 느끼는지는 사실 중요하지 않다. 그보다는 서로를 사랑하는 마음을 매일의 행동으로 표현하면서 더 깊은 의미의 관계를 만들어갈 뿐이다.

게다가 운이 좋게도 이렇게 연습하면서 가장 많이 성

장할 수 있는 최고의 수혜자는 바로 나다. 그렇게 나는 다시 피아노 앞에 앉아 나의 열정을 느끼고 내 삶을 더욱 생동감 넘치게 해주는 음악이라는 에너지 드링크를 매일 마신다.

그리고 그날은 언제나 온다. 내가 힘들게 연습하던 어떤 부분이 믿을 수 없을 정도로 쉽게 연주되는 그날. 수개월 동안 끈질기게 나를 괴롭혔던 까다로운 부분이 하룻밤 만에 달라지곤 한다. 내가 꿈을 꾸고 있는지 헷갈려서 다시 쳐봐도 역시 잘된다. 그럴 때 나는 기쁨의 탄성을 지르며 생각한다. '그래. 드디어 100도가 되어서 물이 끓는 임계점에 도달했구나!'

물은 99도에서는 끓지 않는다. 아무리 죽기 살기로 노력해도 마지막 1도가 부족하면 아무 일도 일어나지 않는 것이다. 100도가 되었을 때에야 내가 처음 1도부터 99도까지 온도를 조금씩 높이고 있음을 확인할 수 있다. 그래서 경지에 도달하는 과정은 계단을 오르는 일과 같다. 아무런 변화가 없는 것 같다가 한 순간 다음 단계에 올라 있곤 하니까 말이다. 그리고 어느 날 내가 어떤 경지에 다다랐다면, 다음 날 갑자기 다시 계단 밑으로 내려가는 일은 일어나지 않는다. 물론 계속해서 꾸준히 연습하지 않는다면 실력이 조금은 떨어지겠지만, 다시 연습한다면 처음보다 훨씬 빠른 시간 안에 그 경지에 도달할 수 있다. 그 단계에서 우리는 더 높은 곳을 볼 수 있는 시야를 확보하며 다음을 준비할 수 있다.

아무리 노력해도 달라지는 게 없다면, 어쩌면 마지막 1도를 채우지 못하고 99도에서 멈춘 것은 아니었을까? 1도에서 99도까지의 시간 동안 아무런 진전이 없었다고 자신을 책망하며 포기해 버리지 말자. 마지막 1도만 채운다면 또 다른 경지에 오르는 인생의 재미를 느낄 것이다.

그러니 지금 무언가를 달성하기 위해 노력하고 있다면 멈추지 말자. 그렇게 계속하기만 한다면 어느 날 갑자기 힘들었던 그 일이 마법같이 풀리는 날은 온다. 아니, 이건 마법이 아니다. 꾸준한 노력에 따르는 논리적인 결과일 뿐이다. 자신이 느끼지 못하더라도 지금도 계속 발전하고 있다는 작은 믿음만 있다면 우리는 끊임없이 앞으로 나아갈 수 있다.

이틀의 법칙

어느 연구에 따르면 어떠한 새로운 행동을 일상의 습관으로 만드는 데 대략 66일 정도가 걸린다고 한다. 나 역시 새로운 습관을 만들 때 혹은 새로운 음악을 연습해 자동적으로 연주할 수 있을 때까지 그 정도의 시간이 필요한 것 같다.

이 방법을 알게 된 후 나는 제자들과 함께 66일 습관 만들기를 실천하곤 한다. 우리는 어떤 곡을 매일 연습하기, 혹은 하루 10분 명상하기와 같은 목표를 정하고 함께 실천했다. 지키기로 한 일을 완수했을 때 달력에 X자를 그으며 시각화했고, 어떤 점이 힘들고 어떤 점이 좋았는지 다른 학생과 토론하며 서로를 격려했다.

처음에 습관을 만들 때는 언제나 '66일이면 두 달 정도만 투자하면 되겠다' 하는 생각에 늘 희망과 에너지로 가득 차곤 했다. 하지만 곧 66이라는 숫자가 얼마나 지루하고 긴 시간인지 느끼면서 의욕을 점점 잃어가는 경우가 많았다. 매일 스트레칭하는 것을 습관화하려 했을 때 처음 일주일은 잘 해냈지만, 어떤 아침에는 '아무래도 못 하겠다' 하는 마음이 들면서 자꾸만 핑곗거리들이 떠올랐다. 강력한 의욕과 열정을 불태우며 시작했지만 새롭게 관심을 끄는 다른 일들로 그 열정이 퇴색되는 경우가 많았다.

자신에게 관대해지는 동시에 스스로를 발전시킬 수 있는 방향으로 나아가는 건 정말 어렵다. 어떻게 생각하면 정말 예민하고 예술적인 감각이 필요한 일 같기도 하다. 언제나 새롭게 해보고 싶은 프로젝트가 생기고, 배우고 싶은 음악이 있고, 읽고 싶은 책이 출간되고, 그리고 한 번쯤 시도해 보고 싶은 습관으로 하루 24시간이 모자랄 정도로 바쁘게 사는 날들도 있는가 하면 또 어떤 시기에는 정말 아무것도 하지 않고 집에 누워서 텔레비전이나 영화를 보며 하루 종일 늘어지게 쉬고 싶기만 한 날들도 있다. 어떤 일을 집중해서 열심히 하는 것도, 또 바쁜 일을 멈추고 온전한 휴식을 취하는 것도 우리 모두에게 필요한 자연스러운 현상인 것이다.

그럴 때 나는 '이틀의 법칙'을 활용한다. 이 법칙은 하루는 건너뛸 수 있지만 이틀 연속은 건너뛰지 않는다는 규칙이다. 습관을 만들어 실천하고 싶지만 도저히 할 수 없는 날에는 '오늘은 못 하지만 내일은 꼭 한다'라고 자신과 약속하고 그다음 날에는 절대로 투정이나 변명을 허용하지 않는다.

코로나19 바이러스가 걷잡을 수 없을 정도로 퍼져나가 자가격리를 해야 했을 때에도 나는 일상을 유지하기 위해 이 방법을 실천했다. 바이러스는 일상 깊숙한 곳까지 영향을 끼쳤다. 갑자기 찾아온 바이러스의 습격에 계약된 연주회가 모두 취소된 것은 두말할 나위가 없고, 언제 끝날지 모르는 휴가가 시작되며 내 인생도 앞으로 가야할 방향성을 잃어버린 듯한 느낌이 들었다. 어떤 정적의 공간에 갑자기 혼자 떨어진 기분이랄까.

그렇게 일과 휴식에 균형을 이루던 삶이 엉망진창으로 엉켜버렸다. 아주 최소한의 일만 하고 대부분 쉬면서 시간을 보내는 나날이 이어졌다. 그렇게 몇 주가 지났을까. 어느 날 아침 나는 문득 자가격리를 누구보다 잘 할 수 있도록 늘 훈련해 왔다는 생각이 들었다. 사실 어느 누구도 나에게 피아노를 치라고 강요한 적은 없었다. 내 인생은 언제나 바깥세상이 아니라 내면의 목소리에 귀 기울이며 음악을 향한 열정을 키워온 결과물이었다. 그렇게 나는 지금 할 수 있는 일에 집중하고 나의 삶을 다시 일으켜 세우기로 결심했다.

내가 주로 실천한 세 가지는 피아노 연습하기, 매일 운동하기, 책 읽기와 글쓰기였다. 이렇게 목표를 세운 뒤 냉장고나 화장실 문에 달력을 붙여놓고는 이 세 가지 일을 할 때마다 크게 X 표시를 했다. 어쩌다 실천하지 못한 날에는 X자가 없는 달력을 보며 이틀의 법칙을 되새겼다. 이틀의 법칙은 스스로를 더 관대하고 따뜻하게 대하기 위해 세운 법칙이기도 했다. "너 최선을 다하고 있어. 오늘 못 해도 괜찮아. 내일 다시 힘내서 열심히 해보는 거야!"라고 응원하기 위해서 말이다.

큰 달력에 X자로 표시하는 게 이렇듯 효과적일 줄은 생각지 못했다. 화장실에 갈 때마다 이 달력을 보면서 나는 내가 세운 세 가지 목표를 했는지 안 했는지를 다시 한 번 떠올렸다. 물론 나는 피아노 연습을 한 번도 잊은 적은 없었지만 그럼에도 이 기본적인 습관을 해냈을 때 스스로를 격려하고 잘했다며 축하해 주었다.

스스로도 믿기 어려울 만큼 나는 매일 이 세 가지 과제를 마치고 검은색 매직펜으로 커다란 X자를 벽에 표시하는 순간을 손꼽아 기다렸다. 과학자들이 말하길 체크리스트를 사용할 때 두뇌의 선명도가 높아진다고 한다. 나 또한 해야 할 일의 목록을 시각화하는 방법을 평소에도 자주 사용하기 때문에 과학자들의 이야기에 정말 공감한다. 꼭 해야 할 연습 목록이든 오늘 내가 감사한 것을 적은 목록이든 생각을 체크리스트에 정리하고 하루를 살아가는 건 간단하지만 확실한 방법이다. 언제나 일상의 나침반이 명료해지는 비서 역할을 한다.

코로나로 인해 온종일 집에서만 지내면서 일과 휴식의 선을 긋기가 훨씬 더 어려웠지만, 그때에도 나는 일과 재충전의 균형을 맞추기 위해 무던히 노력했다. 휴식은 일만큼이나 삶에서 굉장히 중요한 요소다. 그래서 나는 나이가 들수록 더 몸과 마음에 휴식을 불어넣고자 의식적으로 노력한다. 아예 내가 해야 할 중요한 목록에 휴식을 포함시키기도 했다. 휴식할 때에는 일부러 밖에 나가 산책을 하면서 피아노와 잠시 떨어져 있으려 했고, 벽에 붙인 달력에 X

자를 그리면서도 언제나 이틀의 법칙을 떠올리며 하루쯤은 여유를 부려도 괜찮다는 걸 떠올리곤 했다.

그리고 나는 세상과 단절되었던 이 기간에 새로운 프로젝트를 시작했다. 지금 이 상황에 내가 할 수 있고, 하고 싶은 일은 무엇이 있을까 생각해 보다가 유튜브 채널을 통해 매주 일요일 오후 2시에 라이브를 하기로 결심했다.

그렇게 시작된 라이브 쇼는 3개월가량 이어졌다. 어떨 때는 '이번 한 주 정도는 좀 쉴까?' 하는 유혹도 있었지만 처음부터 3개월은 꼭 해보자는 다짐으로 시작했기에 그 기간을 지키고자 노력했다. 아무도 나에게 이 라이브를 억지로 시키지 않았기 때문에 아마 한두 번 하다가 멈췄더라도 구독자들은 이해해 주었을 것이다. 하지만 내가 처음 이 프로젝트를 시작했던 건 일상의 동기를 새롭게 정비하고 리듬을 만들기 위해서였다. 바깥엔 아무리 폭풍우가 몰아치고 있어도, 나만의 방식으로 나의 창조적인 일을 계속할 수 있는 돌파구를 찾으려고 노력했던 것이다.

혹시 당신도 지금 인생의 폭풍우를 만나 헤매고 있지는 않은가? 당신의 삶에서 일과 휴식의 비율이 완전히 뒤죽박죽이 되어버린 채 대부분의 시간을 아무 의미 없이 보내고 있는가? 그렇게 아무런 전진을 하지 못하는 상황이라면, 일단 이 말을 떠올리자. 당신은 당신 인생의 주인이자 길잡이다. 그러니 어떤 방식이든 좋으니 창의적인 방법으로 주변 사람들에게 당신이 하고자 하는 일을 이야기하길 바란다. 그리고 새로운 방법을 찾았다면 적어도 3개월 동안은 꾸준히 진행해 보자. 이렇게 실천하면 세상은 당신의 리듬으로 인생을 다시 살아갈 수 있도록 도와줄 것이다.

잠시 쉬어가도 괜찮다. 다시 내일부터 시작하면 된다. 당신의 삶의 무대에서 스스로에게 먼저 응원을 해주는 자신만의 치어리더가 되자. 당신은 누구보다 지금 잘하고 있다.

인생이라는 선물

우리 마음을 병들게 하는 위험한 바이러스가 하나 있
다. 바로 '자기 연민'이라는 바이러스다. 이 바이러스는 한
번 마음 안에 자리를 잡으면 순식간에 전파된다. 특히 마음
이 약해져 있거나 힘든 시간을 지날 때 더욱.

처음 미국에 석사과정을 공부하러 떠날 때 엄마는 내
게 1년 동안만 경제적 지원을 해주시겠다고 했다. 그 뒤에
는 어떻게든 알아서 방법을 강구하라는 말씀이셨다. 나는
속으로 생각했다.

'일단 미국에 가면 뭐라도 방법이 있겠지. 1년이면 충
분히 내가 살길을 찾을 수 있을 거야.'

그렇게 미국에 도착한 뒤로 학과 사무실을 돌아다니며 생활비 지원금이나 조교로 일할 기회를 알아 보았지만 생각만큼 쉬운 일이 아니었다. 외국의 문화와 언어, 환경이 너무 낯설어 학교 수업을 따라가기조차 버거워했던 나에게 일류 대학의 학부 수업을 맡길 리가 없었다. 게다가 내가 발급받은 학생 비자로는 학교와 관련된 일 말고 다른 아르바이트로 돈을 버는 게 법으로 금지되어 있었다.

　　약속된 1년이 다 끝나가자 나의 걱정과 불안은 더 쌓이기 시작했다. 어떻게 얻은 기회인데 재정적인 문제로 공부를 그만두어야 하는 상황은 생각만 해도 끔찍했다. 세상이 어쩜 이렇게 불공평할까 생각하면서 한국으로 돌아갈 수밖에 없는 이 현실이 원망스럽기만 했다. 어쩌면 이 시기는 내가 처음으로 '자기 연민'이라는 바이러스에 걸린 순간이었던 것 같다.

　　나는 집에서 보내주는 돈으로 공부와 연습에만 집중하는 다른 유학생들을 부러워했다. '내가 원하는 건 그저 공부에 집중하는 환경인데 내가 너무 많은 것을 바라는 건가?' 하고 생각했다. 그러면서 '나는 참 불쌍하다. 돈을 벌어야 하는 부담감에 내가 하고 싶은 만큼 마음껏 연습도 할 수 없다니. 왜 내 인생은 늘 장애물의 연속일까?' 하며 불공

평해 보이는 환경을 원망했다. 점점 더 깊은 바이러스의 늪에 빠지고 있는지도 모른 채.

아마 그때 즈음이었던 것 같다. 함께 유학 생활을 하며 고민을 나누고 친하게 지내던 언니와 커피를 마시던 중 언니는 당황스러울 정도로 담담하게 자신이 지금 뇌종양을 앓고 있다고 고백했다. 그러면서 지난주 건강 검진 중에 뇌종양을 발견했는데 지금 당장 수술이 필요한 상태이고 수술 이후에는 어쩌면 수술 전과 똑같이 몸을 움직이지 못할 가능성이 크다고 했다. 내가 너무 놀란 눈으로 바라보자, 언니는 지금 발견한 게 천만다행이라면서 조금 더 늦었다면 수술도 못 해봤을지 모른다고 덧붙였다.

언니는 마치 다른 사람의 이야기를 들려주는 것처럼 차분했다. 언니가 펑펑 울면서 이제 앞으로 어떡하냐고 울부짖었다면 오히려 자연스러웠을 것이다. 그렇게 초연한 태도로 이야기하는 언니를 보자 내가 더 마음이 아프고 당황스러웠다.

당시 30대 초반이었던 언니에게 당연히 이 모든 일은 청천벽력이었을 거다. 만약 내가 언니의 입장이었다면 이렇게 담담하게 말할 수 없으리라. 아마 나는 내가 아는 모든 사람을 붙잡고 엉엉 울면서 위로받으려 했을 것이다. 나는 이 세상, 아니 온 우주를 원망했을지도 모른다. 아직 내 꿈을 펼치지도 못했는데 이런 불행에 빠져버렸다는 사실을 도저히 받아들이지 못했을 것이다. 하지만 언니는 달랐다. 외부 상황을 비난하지 않고 자신에게 주어진 고난을 그대로 받아들였다.

그날부터 세상을 바라보는 관점이 완전히 바뀌었다. 친한 언니가 겪은 삶의 위기를 간접적으로 들으며 나는 세상이 나에게 무엇 하나도 빚진 게 없다는 강렬한 깨달음을 얻었다. 나는 이 세상으로부터 무언가를 더 받을 이유도 자격도 없었다. 나는 이미 '인생'이라는 너무나 큰 선물을 받은 사람이었다.

'매일 감사하면서 사세요', '감사 일기를 쓰세요', '이미 갖고 있는 것에 감사하세요' 하는 말이 자주 들린다. 그래서 이런 조언이 식상하고 지루하게 들리는 것 같다. 이 말을 듣고 그냥 지나치기 전에 나는 당신에게 한 번만 더 묻고 싶다. 당신은 지금 이 순간 무엇이 제일 감사한가? 딱 1분만 그걸 생각해 보자. 그리고 그 생각을 손에 가만히 쥐었다가 다시 마음속에 고이 넣어보자.

지치고 힘든 시간을 견디고 있을 때 감사하는 마음을

갖기란 정말 어렵다. 더욱이 뇌종양을 발견한 사람에게 이런 상황에서도 감사해야 한다고 말하는 건 지나치게 가혹한 요구일 것이다. 나도 언니와 똑같은 상황이라면 이런 마음을 가질 수 있을지 잘 모르겠다. 하지만 그래도 나는 최선을 다해 나의 현재에 감사하려는 노력을 하고 싶다. 자기 연민이라는 늪에 빠져서 더 깊은 마음의 병으로 떨어져버리지 않도록 말이다.

어려운 시기에 감사하는 마음을 갖는 건 어쩌면 불가능할지도 모르지만, 적어도 '나는 운도 없고 참 불쌍해' 하는 자기 연민의 감정에 빠지지는 않을 수 있다. 그러니 담담하고 중립적인 태도로 있는 그대로의 상황을 받아들이는 노력은 해볼 만하지 않은가?

내가 자기 연민을 옆에 두지 않으려는 이유는 이 바이러스가 한번 내 안에 들어오면 마음을 갉아먹으면서 나를 더 깊고 어두운 곳으로 몰아간다는 걸 너무도 잘 알고 있기 때문이다. 어둠이 깊으면 깊을수록 다른 사람이 건네는 도움의 손길을 붙잡고 빠져나오기가 더 어려워진다. 우리의 자아는 자기 연민이라는 마음의 늪에 빠지면 다른 사람들에게 제발 나를 봐달라고, 나를 더 안쓰럽게 여기고 동정을 해달라고 끊임없이 갈구하는 괴물이 된다. 그곳은 오로지 스스로의 힘으로만 빠져나올 수 있는 아주 깊은 마음의 늪이다.

이런 해로운 마음의 바이러스를 퇴치하고 예방하기 위해서 우리는 자주 자신의 마음을 점검해야 한다. 건강 검진을 받는 것처럼 우리는 우리 마음이 가라앉아 있거나 의욕이 없을 때 자신을 동정하면서 연민하고 있지는 않은지 한번 체크해봐야 한다. 물론 이 마음의 상태는 누군가를 잃거나 큰일을 당했을 때의 상실감과는 다르다. 그때에는 충분한 애도의 시간을 보내야 하고, 다시 혼자 일어설 수 있을 때까지 가족과 친구들의 도움을 받아야 한다. 내가 경계하는 자기 연민은 그 뿌리부터 다르다. 그것은 우리의 머릿속에서 스스로 만들어낸 세상을 현실이라 믿는 관점의 오류에서 시작한다.

어쩌면 당신은 지금 누구보다도 세상에서 가장 힘든 시간을 보내고 있을지도 모른다. 인생이라는 전쟁을 함께 겪고 있는 동지여, 이곳에서 잘 살아남기 위해 우리는 최고의 갑옷으로 무장하고 앞으로 나아가야 한다. 나는 우리가 자신을 더 힘들게 하고 괴롭히지 않았으면 한다. 도움이 필요하다면 언제든 주변에 요청하자. 다만 혼자서 자기 연민의 늪에 빠지는 실수는 하지 말자.

마음의 파도를 차분히 진정시키기 위해 지금 이 순간을 감사하다고 느껴보면 어떨까? 그 감사의 목록이 거창할 필요는 없다. 예를 들어 지금 사용하고 있는 펜의 느낌, 높고 푸르른 하늘, 한 입 베어 먹은 사과의 상큼함 같은 작고 사소한 것이어도 좋다. 어떠한 것이든 기분 좋은 감정이 드는 것이기만 하면 된다. 그리고 그 감정을 마음속에 고이 간직하자.

나는 자기 연민으로 마음의 병을 만들고 있는 건 아닐까 하는 의심이 들 때마다 감사의 마음을 연습하고 또 연습한다. 그렇게 하면 나는 이 바이러스가 이미 내 마음속에 들어왔더라도 더 위험해지기 전에 일찍 찾아내고 더 쉽게 털어낼 수 있다. 이제 우리 매일매일을 소중히 여기고 아끼면서 살자. 우리는 이미 엄청나고 아름다운 선물을 받았다. 바로 인생이라는 선물이다.

클로드 드뷔시, 파고다

프랑스 작곡가 클로드 드뷔시의 음악은 딱히 기쁘지도 슬프지도 않는 독특한 분위기를 담고 있다. 눈 덮인 들판을 걷는 소리의 색깔을 음악으로 표현할 수 있을까? 휘몰아치는 폭풍우와 잔잔한 이슬비는 어떻게 연주해야 할까? 어느 한 장면의 분위기와 인상을 전달하는 듯한 드뷔시의 음악은 순간을 눈에 보이는 그대로 묘사하려 했던 당시 인상주의 화가들의 이상과 맞닿아 있다. 그래서 드뷔시의 작품들은 여러 가지 물감과 크레파스로 자유롭게 감정을 풀어놓은 듯 재미있다.

가까운 가족이나 친척 중에 음악가가 있는 것도 아니고, 어린 시절 집안 형편이 기울었을 때 큰어머니의 손에 길러지기도 하는 등 드뷔시는 음악을 배우기 어려운 어린 시절을 보냈다. 하지만 타고난 재능과 노력으로 피아노를 배우기 시작한 지 1년 만에 파리 국립음악원에 입학할 정도로 뛰어난 실력으로 주목받았고 자신만의 독특한 음악 세계를 완성해 나갔다.

그가 작곡한 피아노 모음곡 '판화'는 '파고다', '그라나다의 황혼', '비 내리는 정원'으로 구성된 작품이다. 그중 첫 번째 악장인 파고다는 탑이라는 뜻인데 힌두교나 불교의 사원에서 볼 수 있는 층층이 쌓인 탑을 의미한다. 드뷔시는 1900년 파리에서 열린 세계 박람회에서 동양의 문화와 소리를 접하게 되었고 그 영향으로 동양의 아름다움을 담은 작품들을 많이 작곡했다.

파고다라는 곡을 들으면 내가 살던 동네 뒷산의 절에 올라가면서 맡았던 소나무 냄새, 아침 안개 속의 오솔길, 매 시간을 알려주던 절의 종소리, 그 앞에 늠름하게 서 있던 탑들이 내 앞에 펼쳐지는 것 같다. 그렇게 이 곡은 어릴 적 기억 속에 생생하게 살아 있는 한국으로 나를 데려간다.

아시아권 나라에 가보지 않은 드뷔시가 어떻게 내 어린 시절의 그 풍경을 생생하게 묘사할 수 있었는지 놀랍다. 나는 이 곡을 칠 때마다 새벽녘의 그 신비로운 기억 속으로 나만의 여행을 훌쩍 떠나곤 한다.

이 곡을 연주하는 날은 관객과 함께 동양의 산이나 소나무 숲 깊숙한 곳에 자리 잡은 작은 산골로 여행을 떠난다. 곡의 첫 화음은 어느 새벽녘의 안개처럼 신비롭게 시작된다. 그렇게 음악이 이끄는 산길을 걸어 올라가다 보면, 나무들 사이로 보이는 절의 지붕과 산들의 정경이 펼쳐지고 멀리서 종소리가 울려 퍼진다. 곧이어 우리는 그 층층이 쌓인 신비한 탑에 도달할 것이다. 이 곡의 모든 순간들이 감미롭고 평화롭다. 이 여행에는 여권도 비행기표도 필요 없다. 눈을 감고, 함께 그 상상의 공간 속으로 날아가자.

김지윤 피아니스트가 연주한
드뷔시의 파고다

인생은 솔로가 아니라 하모니다

나눌수록 커지는 것들

시카고 공항에서 도시 중심부 시내까지 택시로 이동하고 있을 때였다. 창밖으로 펼쳐진 눈 덮인 고속도로를 한참 바라보던 나는 40대 후반 정도로 보이는 중년 여성 택시 운전사에게 슬며시 말을 걸었다.

"클래식 음악회 좋아하세요?"

그는 백미러로 나를 힐끔 보더니 다소 차가운 말투로 "아니요" 하고 대답했다. 그럼에도 나는 밝은 목소리로 내가 클래식 피아니스트인데 이번 주말 연주회를 위해 지금 시카고에 온 것이라 설명했다. 그리고 "혹시 시간 내실 수 있으면 이번 주말에 열리는 연주회에 오세요. 혹시라도 마음이 바뀔 수 있으니 티켓을 두 장 드릴게요" 하며 조수석에 티켓을 놓아두었다.

시카고 연주회를 성공리에 마치고 연주회 로비에서 관객들과 대화를 하고 있을 때였다. 어떤 중년 여성 관객이 나에게 다가왔다. 그를 알아보는 데에는 몇 초도 걸리지 않았다. '아! 그 택시 기사님이구나!' 나에게 다가온 그는 밝은 표정으로 이렇게 말했다. "제 생애 첫 클래식 공연이었어요. 이런 아름다운 공연에 초대해 주셔서 정말 감사합니다." 나는 환하게 웃으며 답했다. "저도 정말 기뻐요. 와주셔서 감사합니다!"

클래식 음악을 여러 관객과 나누려 했던 나의 노력이 좋은 결과로 이어진 것 같아 기뻤다. 사실 내가 하는 일을 낯선 사람에게 말하고 나의 연주회를 직접 홍보하는 건 나에게 여전히 어려운 일이다. 특히 모르는 사람이 무관심한 표정으로 심드렁하게 듣거나, 나의 긴 설명에 "관심 없습니다"라고 짧게 대답할 때면 땅 밑으로 숨어버리고 싶다. 그래도 다시 용기를 내 연주회나 음악 프로젝트에 대해 계속해서 이야기를 나누려고 노력한다. 내가 하는 일을 홍보하는 건 피아노를 연주하는 일만큼이나 내가 해야 할 일이라고 생각하기 때문이다. 가끔은 아주 힘들고 어렵지만 내가 하는 일에 대해 나만큼 열정적으로 대변할 수 있는 사람은 없다는 것을 나는 잘 알고 있다.

대학생 때 졸업 연주를 준비하며 흥미로운 사실 하나를 발견했다. 졸업을 앞둔 피아노과 학생이 크게 두 그룹으로 나뉜다는 거였다. 한 그룹은 자신의 졸업 연주회를 적극적으로 알리고 많은 사람을 초대하고자 했다. 학교 캠퍼스에 포스터를 붙이기도 하고 만나는 사람마다 연주회 소식을 전하면서 연주회를 알렸다.

또 다른 그룹은 정반대였다. 연주회에 오지 않길 바라는 사람처럼 홍보에 전혀 노력을 기울이지 않았다. 누군가 그 연주회를 먼저 언급하기만 하면 "올 수 있으면 와. 안 와도 상관없어" 하는 무관심한 태도를 보였다. 연주회 홍보를 부끄러워하거나 불편해하는 듯했다. 연주회 곡을 연습하기 위해 수백, 수천 시간을 보내지만, 사람들을 초대하는 건 자신의 일이 아니라고 생각하는 것 같다.

그들은 연주에 자신이 없기 때문에 홍보를 안 했던 걸까? 전혀 그렇지 않았다. 어떤 졸업 연주는 십여 명의 사람만이 참석한 텅 빈 연주홀에서 진행되었지만, 나만 감상하고 있다는 게 미안할 정도로 훌륭했다.

솔직히 말하자면, 나도 연주회에 대해 직접 말하거나 홍보하지 않는 편이 훨씬 마음 편하고 쉽다. 여느 한국인처럼 어릴 때부터 겸손해야 한다는 이야기를 많이 듣고 자랐기 때문인지도 모른다. 내가 하는 일을 내세우기가 영 어색했다. 그런데 미국에서 공부하고 사회생활을 하며 배운 것이 있다. 내가 먼저 나 자신을 대표하는 최고의 에이전트가 되어야 한다는 것이다. 내가 하는 일을 자랑스러워하지 않고 숨긴다면, 다른 사람들은 내가 하는 일을 이해할 수도 없을뿐더러 아예 관심조차 주지 않는다. 나조차 열정이 없는 일에 왜 다른 사람이 먼저 관심을 보이겠는가?

클래식 피아니스트로 살아갈 때도 마찬가지다. 음악가를 대신하여 기획사가 홍보를 맡는 경우도 있지만, 음악 프로젝트에 대해 연주자인 내가 직접 이야기할 때 더 많은 사람들이 흥미를 보이고 그 일의 핵심을 더 잘 파악한다는 걸 알게 되었다. 음악뿐 아니라 어떤 분야든 열정은 전염성이 강했다. 그렇게 내가 더 많이 이야기할수록 더 많은 사람들이 더 강력하게 연결되곤 했다.

프리랜서로 일하기로 결심한 나는 나를 대표할 수 있는 나무스 클래식이라는 에이전트도 직접 설립했다. 내가 그 회사의 대표이자 유일한 연주자였다. 지금은 일을 도와주는 직원이 있지만, 오랫동안 이 회사의 일을 혼자 도맡았다.

보통 음악가와 계약하는 이런 회사에서는 다음 해의 연주회를 계획하기 위해 컨퍼런스에 참가해 공연 기획사를 만나는데 나도 나를 대표해서 대규모 컨퍼런스에 직접 참가한 적이 있다. 뉴욕에서 열리는 컨퍼런스에 참석했을 때였다. 전 세계에서 날아온 몇천 명의 에이전트가 만나 연주자를 홍보하기 위해 끊임없이 영업 활동을 벌였다. 그 정글 같은 곳에서 나는 자신을 대표하는 회사의 대표가 되어 혼자 포스터와 플래카드를 걸고 전시회장의 작은 공간에서 사람들을 직접 만났다.

첫날에는 세계적인 에이전시 옆에 홀로 서 있자니 주눅이 들고 연주자인 내가 나를 홍보한다는 게 부끄러워 낯선 환경이 힘들게 느껴졌다. 컨퍼런스를 찾아온 수많은 사람들이 내 공간을 곁눈질로만 슬쩍 확인하고 무관심하게 지나갔다. 이제 막 전학을 가서 낯선 친구들 사이에 끼어 있는 듯한 불편하고 어색한 느낌을 지울 수 없었다.

하지만 컨퍼런스가 열리는 며칠을 그렇게 보낼 수는 없었다. 나는 컨퍼런스로 향하는 호텔 방을 나오면서 거울에 비친 모습을 보며 이렇게 주문을 외우곤 했다. "오늘도 좀 힘들겠다. 낯선 사람들에게 홍보도 해야 하고, 거절당하는 순간도 참 많을 거야. 하지만 그래도 기억하자. 너는 이 세상에 줄 수 있는 게 참 많은 사람이야. 지금 너는 더 많은 관객과 만나기 위해서 이 모든 일들을 하고 있어. 관객들에게 너의 아름다운 음악을 더 자주 들려줄 수 있도록 말이야. 그러니까 연주자이기 전에 최고의 에이전트로 열심히 해보는 거야!" 그렇게 다짐을 하며 하루하루 지치지 않고 무사히 컨퍼런스를 마쳤다. 지금은 이런 일을 전문가에게 맡기고 있지만, 내가 직접 발로 뛰면서 나를 홍보했던 이때의 경험은 홍보와 마케팅을 공부할 정말 좋은 기회였다.

내가 하는 일을 다른 사람과 나누고 싶어 하지 않는 마음에는 비판받는 것에 대한 두려움과 완벽주의자가 존재하는 것 같다. 『빅 매직』의 저자 엘리자베스 길버트는 완벽주의가 두려움의 다른 모습이라고 설명한다. 두려움이 자신을 알아차리지 못하도록 하기 위해 메이크업을 하고 하이힐을 신고 변장한 게 완벽주의라는 뜻이다. 결국 그 말은 완벽주의적인 행동이 겉으로는 합리적이며 이성적인 것 같아도 속을 들여다보면 다른 사람에게 혹은 자기 자신에게 인정받지 못할 수 있다는 두려움 때문에 생긴다는 의미다.

그래서 완벽주의에 사로잡힌 사람들은 자신이 하고 있는 일을 좀처럼 다른 사람과 나누려 하지 않게 된다. 나도 한때는 '나는 아직 완벽하지 않아. 완벽해질 때까지 다른 사람에게 이야기하지 않겠어' 하며 숨기 바빴다. 하지만 내가 인정할 수 있을 정도로 완벽한 시기는 영원히 오지 않거나 영원이라 말할 수 있을 정도로 오랜 시간이 걸리곤 했다.

나는 자신이 하는 일을 세상과 나누는 게 내가 내 일에 열정을 다하는 것만큼이나 중요하다고 믿는다. 내가 이 세상에서 유일한 사람이듯 내가 하는 일도 특별하다. 물론 세상에는 수백만 명의 피아니스트가 있을 것이다. '수천, 수백만 명의 피아니스트가 연주했던 똑같은 곡을 지금 내가 또 연주할 이유가 뭐가 있겠는가' 하고 생각한다면 절대로 피아노를 연주할 수 없다. 그렇지만 이 세상에는 단 한 명의 김지윤이 존재한다. 그런 생각이 들자 자연스럽게 생각도 이렇게 바뀌었다.

'누구도 내가 하는 것처럼 똑같이 연주할 수 없다. 나의 연주는 내가 세상에 선사하는 선물이며, 내가 피아노를 치기 전까지는 이 세상 어느 누구도 나의 방식을 경험한 적이 없다.'

이렇게 믿으며 나를 둘러싸고 있는 '두려움'이라는 딱

딱한 껍데기를 깨고 나와 세상에 나의 연주를 나누고자 무던히도 노력했다.

　수년간 나의 에이전트로 일을 하면서 배운 것은 모든 기업의 브랜딩 과정이 그러하듯이 내가 나의 장점을 가장 잘 이해하고 그걸 말로 잘 설명할 수 있어야 한다는 점이다. 나이키나 맥도날드처럼 유명 브랜드 회사를 떠올려 보자. 그 회사에서는 상품의 단점이나 흠을 고객에게 홍보하지 않는다. 최고의 장점을 강조하여 알리는 데 가장 많은 노력을 쏟는다. 나 역시 마찬가지였다. 나만의 브랜드를 만들고 나의 고유한 강점을 최대한 드러낼 줄 알아야 했다.

　약점에 집중해서 그것이 왜 나의 약점인가를 강조하고 합리화할 이유가 전혀 없었다. 나의 성장을 위해 그런 약한 마음은 나의 개인 연습실에 잠시 벗어두고 나오기 위해 노력했다.

　나는 우리 모두가 서로의 놀이터에 초대받아 함께 놀 수 있기를 바란다. 내가 가진 것을 나누고, 다른 사람들의 열정적인 일 또한 즐기면서 말이다. 단 한 명이라도 내가 세상에 선보이는 음악을 기쁘게 받아들이고 그의 인생에 도움이 된다고 생각한다면 더할 나위가 없겠다. 아니, 어쩌면 그 한 명이 실제로 존재하지 않을지도 모른다. 하지만 나를 표현하는 과정을 통해 '성장'이라는 큰 선물을 받은 사람은 다른 누구도 아닌 바로 '나'라는 사실을 언제나 기억할 것이다.

행복의 방정식

어려운 일이 닥치거나 장애물을 맞닥뜨릴 때 '인생 사용 설명서' 같은 게 있어서 설명서대로 따라 하기만 해도 모든 문제가 해결된다면 얼마나 좋을까? 하지만 삶은 모든 어려움을 스스로 해결하도록 나를 내팽개치고 어떤 해답도 주지 않았다. 아주 힘든 시절을 보내며 안개 속을 헤매던 시기에 나는 어떻게든 다시 살길을 찾기 위해 심리상담사인 빌 선생님을 매주 만났다. 빌 선생님께 2년 동안 상담을 받으며 나는 다시 내 마음의 힘을 기르고 삶이 무너지기 전의 생활로 돌아갈 준비를 했다.

내 발로 치료를 받으러 가기 전까지 나는 심리치료나

정신상담이 정신에 심각한 질환이 있는 사람을 위한 것이라고만 생각했다. 하지만 정신적으로 문제가 없다고 생각했던 내가 인생의 고비를 만나면서 심리상담을 받게 되자 완전히 생각이 달라졌다. 빌 선생님과 만나는 시간은 내가 그 우울한 시기를 겨우 버틸 수 있게 해준 유일한 안식처였다. 어떤 날에는 언제쯤 선생님을 보러 갈 수 있을지를 고대하면서 상담 시간까지 얼마나 남았는지를 따져본 때도 있었다.

내 인생의 고비들은 대부분 음악이나 피아노 때문이 아니라 나 자신 혹은 다른 사람과의 관계가 깨지거나 어긋나면서 찾아왔다. 겉으로 보기엔 아주 건강해 보였을지 몰라도, 사실 내 마음은 온갖 상처를 받아 인생의 방향성을 잃고 방황하고 있었다.

빌 선생님은 60대 중반이셨는데 언제나 사려 깊게 나를 대해주셨다. 내가 어떤 이야기를 하든 지그시 눈을 감고 들으시다가, 나의 영혼을 꿰뚫어보는 듯한 눈빛으로 내 생각의 갈래를 조금 다르게 접근할 수 있는 방법을 조언해주셨다. 사실 내가 해결하고 싶은 삶의 문제들은 '예', '아니요'로 확실하게 답할 수 없는 경우가 많았다. 어떤 문제는 '55퍼센트 정도만 그렇다'고 답할 수 있었고 어떤 문제는 '예', '아니요' 모두 정답이 아니었다. 그렇게 내 인생의 장애물은 생각보다 복잡했다. 나는 빌 선생님께 "그냥 제가 어떻게 하면 되는지 정확하게 가르쳐주시면 안 되나요?" 하고 부탁했고, 선생님은 "지윤 씨는 어떻게 행동해야 하는지 이미 잘 알고 있어요. 그걸 하시면 돼요"라고 애매하게 대답하시곤 했다.

빌 선생님의 애매모호한 대답이 답답하게 느껴질 때도 있었다. 왜 좀 더 정확한 해결법을 알려주지 않으실까 생각하며 원망하기도 했다. 그런데 이제는 선생님께서 왜 그러셨는지 조금 알 것 같다. 선생님은 태어날 때부터 내 안에 장착된 나침반을 안내자로 삼을 수 있도록 마음속 목소리에 더 귀 기울이게 가르치고 싶으셨던 것이다. 인생의 장애물을 만날 때, 내면의 목소리를 듣고 스스로 어려움을 극복해낼 수 있도록 말이다.

그건 다른 사람이 해줄 수 있는 것이 아니었다. 오로지 나 스스로 길러야 할 마음의 근육이었다. 이혼의 아픔으로 힘들어했을 때 나는 빌 선생님께 '전남편은 어째서 약물을 선택했을까요? 제가 뭘 잘못했을까요? 저는 이제 어떻게 살아야 하죠? 마지막까지 함께하는 게 사랑 아닌가요?' 등의 모호한 질문을 던졌고 빌 선생님은 역시 정답을 가르쳐

주지 않았지만, 잘못 엉켜버린 내 생각의 흐름을 스스로 알아채고 정리할 수 있도록 여러 질문을 던지며 조용히 나를 이끌어주셨다. 많은 시간이 걸렸지만 선생님과의 훈련 덕분에 나는 내 상황을 객관적으로 바라볼 수 있는 힘을 조금씩 기를 수 있었다.

우리가 자신을 잘 이해하지 못하는 이유는 시간이 흐르면서 끊임없이 변하고 또 진화하기 때문이라고 생각한다. 누군가 나에게 만약 20대 초반으로 돌아갈 수 있다면 그렇게 하겠냐고 물어본 적이 있다. 나는 급하게 그의 말을 자르며 "절대로 돌아가지 않죠!"라고 대답했다. 시간을 거슬러 과거로 돌아간다는 것은 지금까지 내가 힘들게 배워온 인생 교훈이 모두 사라진다는 뜻이다. 즉 내가 누구인지, 어떤 사람인지 이해하지 못하는 어린 나로 돌아가야 한다는 것인데, 그건 생각만으로도 무섭다.

40여 년의 시간을 살면서 나는 나를 더 잘 이해할 수 있는 지혜와 통찰력을 선물받았다. 그래서 인생의 고비가 찾아올 때마다, 지금껏 배운 나만의 응급 처치 방법을 하나씩 사용할 수 있다. 물론 어떨 때는 신통하게도 잘 통했다가 또 다른 때는 아무런 도움이 되지 않을 때도 있지만, 그 모든 도구는 적어도 내가 인생을 살아가며 직접 밝혀낸 나만의 해결 비법이다. 어느 누구도 나에게서 빼앗아갈 수 없는 내 인생의 보조 배터리와도 같다.

인생의 고비에서 내 응급 처치 도구가 전혀 통하지 않으면, 그때는 다시 배워야할 때임을 직감한다. 인생은 언제나 내가 배워야 할 일의 목록을 건네주었고, 그걸 배워서 스스로 바뀌어야만 문제가 사라졌다. 지금 그 일을 해결하지 않고 피한다면, 겉으로 보기에는 문제가 해결된 것처럼 보일지 몰라도 언젠가 그 문제는 다른 옷을 입고 또다시 등장할 것이다. 인생의 문제를 해결하지 않고 지나갈수록 문제의 아픔과 어려움의 강도는 더 커지기 마련이다. 인생의 문제는 정면으로 맞서서 해결하는 게 훨씬 더 효과적이라는 것도 내가 부딪히고 깨지면서 배운 교훈이다.

『행복의 방정식(The Happiness Equation)』을 쓴 닐 파스리차는 "행복이란 당신이 말하고, 생각하고, 또 행동하는 것이 조화를 이룰 때 비로소 나타난다"라고 했다. 나는 그의 말에 크게 동의한다. 나에게 행복은 나만의 신념과 원칙을 정하여 주변 상황에 흔들리지 않고 그 신념을 지키는 것을 뜻한다. 그렇게 살아갈 수 있다면 우리는 다른 사람 앞에서 가면을 쓰고 우리 자신을 숨길 이유가 없다. 누구를 만나든 무엇을 하든 어떤 상황에 있든 우리는 자신의 모습으로 살기만 하면 되는 것이다. 이 단순한 인생의 지혜는 나를 더 자유롭고 행복한 방향으로 안내해 주었다.

물론 내가 믿는 신념과 원칙을 스스로 정하는 것부터가 쉽지 않았다. 다른 사람의 유혹에도 내가 지키고 싶은 삶의 원칙과 방식은 무엇인가? 이 질문에 답하기 위해서 오랜 시간이 걸렸고, 지금도 원칙을 만들어가는 중이다.

그래도 지금껏 내가 세운 원칙을 조금 나누자면 이런 것들이 있다. '누가 보고 있지 않더라도 언제나 나 자신에게 떳떳할 수 있게, 정직하게 살자. 거짓말하지 말자. 다른 사람을 뒤에서 험담하지 말자. 내 마음 깊은 곳에서 불편한 감정을 조금이라도 감지한다면 거절하는 게 어렵더라도 절대로 허락하지 말자. 내가 먼저 나를 존중하고 아끼자. 부정적인 말을 밖으로 내뱉지 말자. 매일 감사하면서 살자. 돌려받을 것을 기대하지 말고 내가 받고 싶은 것을 다른 사람에게 먼저 주자. 말보다 행동으로 사랑을 표현하자.' 이런 원칙은 지극히 개인적인 것들이라 다른 사람에게 굳이 설명하지 않지만, 내 인생을 꾸려나가는 원칙으로 지키고 실천해나가려 한다.

어디를 둘러보아도 우리의 신념을 무너뜨리려는 유혹이 존재하는 것 같다. 신념은 마치 부서지기 쉬운 유리잔과 같아서 나만의 신념을 세우더라도 그걸 유지해 나가는 게 훨씬 어렵다. 그럴 때마다 나는 나를 돌아보고 내 안의 목소리에 더욱 귀를 기울였다. 그러면 그 원칙들이 한 줄기 빛처럼 인생의 길잡이 역할을 했다. 그래서 내가 어떻게 행동해야 할지 모를 모호한 상황에 처했을 때마다 나는 내 안의 작은 목소리가 조용히 나를 이끄는 것을 느낄 수 있었다. 인생은 내가 내 삶을 건강하게 이끌 수 있을 때에야 비로소 기쁨과 행복으로 충만해졌다.

나를 더 잘 이해할수록 위험한 구렁텅이로 자신을 내던지는 실수를 하지 않게 되었다. 나는 내 안의 건강한 목소리에 더 귀를 기울일 수 있게 되었고 위기를 피할 수 있는 능력도 기를 수 있었다. 내 삶의 원칙은 다른 사람의 믿음이나 원칙과는 전혀 상관없는 나만의 온전한 경계선이다. 어쩌면 빌 선생님이 내게 일깨워 주고자 한 개념도 나의 원칙을 세우는 것과 밀접한 관계가 있는 게 아니었나 싶다. 생각하고 말하고 행동하는 게 모두 일치하는 삶. 나는 그렇게 단순하고 정직한 방식으로만 나의 삶을 꾸려나가고 싶다.

또한 나는 내 영혼을 알아가는 것만큼 나의 약점과 장점을 잘 파악하려고 노력한다. 강점은 더욱 갈고닦아 효율적으로 잘 사용하고 빛나게 하되, 약점은 보강하여 단련해 나가도록 말이다. 그럴 때 나는 나를 더욱 객관적으로 바라볼 수 있었다. 나의 장점을 생각하며 나의 가능성을 더 펼치기 위해 격려했고 동시에 약점을 단련하여 더 발전할 수 있는 방향을 모색해 나가고자 했다.

내 영혼을 알아가는 여정은 아직도 어렵다. 아마 그 여정은 내가 살아 있는 한 끝나지 않을 것이다. 그래도 이것만은 확실하다. 나는 내가 세운 삶의 원칙을 끝까지 지키려고 노력할 것이다.

원하든 원하지 않든, 나와 나의 영혼은 함께 여행 중이다. 나는 나를 얼마나 잘 알고 있을까? 내가 좋아하는 건 뭘까? 나는 언제 행복을 느낄까? 세상의 어떤 유혹이 와도 절대적으로 믿고 흔들리지 않는 인생의 원칙은 무엇일까? 우울한 감정에 허덕이다가도 다시 침대를 박차고 일어나 하루를 시작하게 하는 힘은 어디에서 올까? 이 질문에 답할 수 있는 건 오로지 나뿐이다.

그렇게 오늘도 머릿속에 나를 더 알아가기 위한 질문

들을 끊임없이 떠올린다. 이를 통해 나의 새로운 모습을 발견하거나 그전에는 몰랐던 인생의 교훈을 깨우칠 때면 인생이라는 게임에서 한 단계 올라선 듯한 기분이 든다. 우리는 늘 다른 누군가와 공존하며 살지만 궁극적으로 인생은 자기 자신이 책임져야 한다. 조금 더 행복한 삶을 위해 나는 오늘도 성장을 위한 노력을 멈추지 않는다.

영혼과 만나는 기쁨

"저는 지금 한여름 날의 태양이 조금씩 누그러지기 시작하는 저녁 무렵에 혼자 호수에서 수영을 하고 있어요. 아름다운 달빛이 잔잔한 호수의 수면에 비치고 있죠. 귀뚜라미, 개구리 소리가 어디선가 들려오네요. 잔잔한 물을 가로지르며 헤엄치니 시원한 물이 내 몸을 감싸요. 모든 순간이 평화롭게 느껴져요. 이 모든 장면은 제가 지금 연주할 슈만의 환상 소곡집 중 첫 번째 곡 '석양'에 대한 저만의 감정이에요. 여러분들도 이 곡을 들으시며 여러분만의 여행을 떠날 수 있기를 기대합니다."

나의 연주회에는 언제나 관객에게 말을 거는 마이크가 준비되어 있다. 그 마이크로 나는 독주회에서 피아노를 치기 전에 곡에 대한 나의 감정을 전하거나 곡을 듣고 떠올린 장면을 관객과 나누곤 한다. 그렇게 새로운 곡을 연주할 때마다 관객에게 말을 건다. 대체로 그 문장들은 시의 구절과 비슷하다.

나는 일반적인 클래식 음악회에서 한 곡이 끝날 때마다 연주자가 무대 뒤로 사라졌다가 다시 등장하는 행동도 하지 않는다. 연주회의 시작부터 끝까지 관객과 함께하는 흐름을 계속 유지하려면 무대에 머무르는 게 좋다고 생각하기 때문이다. 이런 나의 행동은 클래식 음악계에서는 도전적이기까지 하다. 어떤 연주 기획사는 무대 위에서 말을 하지 않고 연주만 하는 것이 어떠냐고 제안한 적도 있었다. 나는 "연주자가 직접 관객과 소통하는 게 저한테는 정말 중요합니다. 저는 관객과 음악이 더 가까이 만날 수 있는 중간 다리를 만들고 싶어요"라고 말하며 나의 주관을 지켰다.

연주자는 작곡가가 전하고자 하는 특별한 메시지를 음악이라는 매개를 통해서 전달하는 역할을 한다. 연주회에서 음악을 듣는 건 작곡가가 종이에 펜으로 적은 까만 악상들이 살아 있는 음악이 되어 귀와 마음으로 전달되는 과정을 경험하는 것이다. 그 과정에서 연주자는 음악이라는 물을 담고 있는 컵과 같다. 관객은 컵을 들고 마시면서 컵 안에 담긴 음악을 느끼고 감상한다.

컵의 역할을 한다는 건 생각보다 어려운 일이다. 만약 내가 음악을 형형색색의 플라스틱 컵에 담으면 관객들은 작곡가의 원래 의도를 영영 알 수 없을지도 모른다. 연주자인 '나'를 통해 그 음악이 표현되지만, 그럼에도 음악의 원래 의도가 잘 반영될 수 있도록 늘 주의를 기울인다. 그래서 나는 음악을 연주할 때면 작곡가와 관객, 그리고 나 자신이 완전한 하나가 되어 시공간을 초월해 어떤 특별한 공간으로 함께 들어가는 듯한 경험을 한다.

정말 감사하게도 이런 나의 노력이 관객에게 정말 새로운 경험을 선사하는 것 같다. 연주를 마친 후 한번은 어느 중년 여성 관객이 나에게 다가와 몰래 내 손에 편지를 쥐여주고 떠난 적이 있다. 관객과의 인사까지 모두 마치고 혼자 호텔로 돌아와 꺼내 읽은 편지에는 이런 내용이 적혀 있었다.

"지윤 씨, 오늘 저녁 지윤 씨의 연주회에서 음악을 들으며 나는 어린 시절의 내 모습으로 돌아갔습니다. 그곳에서 엄마를 다시 한번 만날 수 있었죠. 전 엄마와 다정하게 이야기했고 엄마의 손을 만지는 듯한 경험을 했어요. 엄마는 몇 년 전에 돌아가셨어요. 하지만 저는 아직까지도 제 마음속에서 엄마를 보내드리지 못해서 몇 년째 힘든 나날을 보내고 있었습니다.

그런데 오늘 저는 어떤 마법에 걸린 것처럼 제가 몇 년 동안 할 수 없었던 엄마와의 마지막 인사를 하는 경험을 했어요. 어쩌면 내일부터 저는 새로운 하루를 시작할 수 있을 것 같아요. 엄마는 하늘에서 저를 보며 웃고 계시겠죠. 지윤 씨, 정말 감사합니다."

나는 음악을 통해 시간 여행을 한다. 피아노 앞에 앉아 어떤 곡을 연주할 때 250년 전에 살았던 작곡가와 이야기 나누거나 때로는 어릴 적 살았던 동네에 다시 찾아가기도 한다. 아무리 똑같은 곡을 연주한다고 하더라도 눈앞에 펼쳐지는 장면이나 마음속에 떠오르는 감정과 생각은 늘 다르게 다가온다. 그렇게 예측할 수 없는 마음속 신비한 여행은 언제나 설렌다. 같은 곡을 수만 번 연주해도 그때의 여행은 언제나 그 순간만의 유일한 경험이고, 내가 내 마음을 더 풀어놓을수록, 더 의미 있는 여정이 된다. 듣고 있는 관객 역시 그들의 과거나 미래까지도 마음으로 여행하며 그들의 영혼을 자유롭게 풀어주는 것 같다.

실황 연주에는 두 종류가 있다. 하나는 미리 준비된 것을 최선을 다해 그 모습 그대로 보여주는 공연이고, 다른 하나는 열린 마음으로 듣는 이와 함께 소통하며 진행하는 공연이다. 첫 번째 공연은 연주자가 관객에게 준비된 대로 공연을 선사하며 한 방향으로 진행된다고 할 수 있다. 에너지는 연주자에게서 관객 쪽으로만 흐르고, 관객은 연주자의 에너지를 일방적으로 받게 된다. 물론 연주자에 따라 다르겠지만 어떤 연주자에게는 이 공연이 더 쉬울 수도 있다. 왜냐하면 갑작스러운 변화를 걱정할 필요 없이 자신이 준비한 대로만 하면 되기 때문이다. 그리고 대부분의 관객도 이런 공연에 익숙하다.

그런데 내 경험을 떠올려보면, 연주자가 음악을 통해 더 깊이 연결되기를 바라고 열린 마음으로 다가갔을 때 더욱 특별한 음악적 경험이 완성되곤 했다. 연주자와 관객은 서로 연결되기 위해 연주회장에 간다. 연주자뿐만 아니라 관객까지 모두 연주회장에서 함께 듣고, 모험을 감행하고, 그 순간에 연결되기를 바란다. 실황 연주의 아름다움은 아마 여기에 있는 것 같다. 과거에 내가 그 음악을 몇 번 연주했던지 이 무대에서 연주하는 음악은 이전 음악과는 전혀 다른 음악이다. 이 순간의 관객과 또 새로운 내가 마주하는 유일한 경험인 것이다.

무대에 오르지 않더라도 지금 이 순간의 우리 역시 어떤 실황 연주의 한가운데에 있는지도 모른다. 바로 인생이라는 무대 말이다. 각자의 무대에서 마음을 열고, 모험을 감행하고, 소통하려 노력하고, 열린 마음으로 순간이 선사하는 어떤 감정을 주고받을 수 있기를 언제나 소망한다.

공감과 소통 능력은 우리 삶에서 꼭 필요하다. 친구와 대화할 때도 마찬가지다. 나는 친구의 눈을 들여다보고, 그의 감정을 느낀다. 나도 나의 생각과 감정을 그에게 전달하고 그의 말에 반응하며 대답한다. 실황 연주가 두 종류가 있듯 의사소통에도 두 종류가 있는 것 같다. 일방적인 소통을 하느냐, 서로 영향을 주고받는 소통을 하느냐는 언제나 우리의 몫이다.

함께 소통하려는 태도는 굉장히 의식적인 행동이다. 우리는 언제라도 듣는 척을 할 수 있고, 우리가 하고 싶은 말만 할 수도 있다. 당신은 지금 소통하기를 원하는가? 당신은 지금 누군가의 이야기를 그냥 흘려듣고 있는가? 아니면 마음으로 깊게 듣고 있는가?

피아노 레슨을 하면서도 나는 학생과 음악의 감정을 이야기하는 데에 가장 많은 시간을 보낸다. '작곡가는 어떤 감정을 느끼고 이 곡을 썼을까요?', '행복했던 경험 혹은 마음 아팠던 경험이 이 부분과 잘 연결되나요?', '어떤 이야기가 담겨 있는 것 같나요?', '이 부분을 들으면서 어떤 감정을 느끼나요?' 이런 질문으로 학생이 음악과 공감할 수 있도록 이끈다.

나는 클래식 음악이 인간의 원초적인 감정을 표현하는 예술이라 생각한다. 300년 전에 살던 사람들이 느낀 사랑, 환희, 좌절, 욕망, 슬픔, 두려움, 희망과 같은 감정은 300년 후를 살고 있는 우리도 똑같이 느끼는 감정이다. 그렇게 음악을 통해 다른 시대를 살았던 인류의 공통적인 감정을 공유하면서 300년 전에 살았던 작곡가부터 그 곡을 연주하는 연주자, 음악을 듣는 관객, 관객이 지나온 과거, 그리고 음악을 듣는 그 순간까지 모두 연결되어 있음을 느낀다. 그래서 음악을 감상할 때 우리는 우리의 과거나 현재를 왔다 갔다 하면서 잊고 있던 감정이 되살아 나기도 하고 새로운 감정이 생겨나기도 한다. 이런 경험을 선사하는 음악은 그래서 정말 매력적이다.

나는 보통 무대에서 연주를 하기 전에 관객들에게 시

공간을 초월한 4차원의 공간에서 우리가 만나게 될 것이라고 말하며 음악의 여정을 시작한다. 그리고 정말로 나는 무대에서 관객 한 사람 한 사람의 영혼과 만나서 이야기를 나누는 듯한 감정을 느낀다. 때로는 이 경험이 너무 신비로워서 이렇게 글로 표현하기가 불가능하다고 느껴질 정도다.

　사랑하는 누군가를 잃었거나 힘든 시기를 거치면서 우리의 마음이 상처로 얼룩졌을 때 우리는 다른 사람에게 엄청나게 특별한 무언가를 바라지 않는다. 어쩌면 지옥처럼 느껴지는 그 공간에 함께 있다는 것만으로도 위로가 될지도 모른다. 그것이 내가 생각하는 공감이다. 마음이 힘들수록 누군가 그 감정을 함께 공감해 주기를 바란다. 그리고 그것만이 힘든 일을 겪고 있는 누군가에게 해줄 수 있는 최선의 위로일 때도 많다.

　우리는 어느 누구도 완벽히 이해할 수 없다. 하지만 그 사람이 어떤 감정 상태인지 이해하고 공감하려는 노력은 할 수 있다. 타인의 이야기를 경청하고, 그 아픔을 이해하고, 기쁨도 같이 나눌 수 있다. 인간은 처음부터 서로를 필요로 하고, 돌보아주고, 이야기를 들어주고, 일으켜주면서, 연결되도록 태어난 것은 아닐까?

어쩌면 서로가 없으면 인생의 의미도 없어질지 모른다. 나는 인간으로서 마땅히 해야 할 일을 할 때, 비로소 우리가 되어야 할 존재가 된다고 믿는다. 물고기는 물이 있어야 헤엄치며 살 수 있듯이 우리는 다른 사람과 연결되어야 완전해질 수 있다. 그렇기 때문에 나는 앞으로도 끊임없이 다른 사람과 소통하고 공감하는 쪽을 선택할 것이다.

당신이 쓸 수 있는
최고의 초능력

　내가 가르쳤던 메리라는 강습생은 다른 사람들 앞에서 연주하는 일을 정말 어려워했다. 그는 실수할 때마다 자신을 혹독하게 몰아세우면서 "아 진짜 못 쳤다", "이럴 거면 피아노 그만둬야지", "루빈스타인 같은 피아니스트처럼 연주하는 날은 내 평생 없을 거야" 하는 부정적인 말들을 퍼부었다. 재미있는 사실은 그는 다른 사람에게 아주 관대하고 누구보다 칭찬을 아끼지 않는 사람이었다는 점이다. 그는 다른 학생에게 용기를 북돋아주고 긍정적인 조언을 아끼지 않았다. 오로지 자신에게만 매몰차게 굴었다.

　메리는 학교에서 언제나 1등을 하고 모든 과목에 A+를 받는 훌륭한 학생이었고 졸업 후에도 훌륭한 사회인이 되어 능력을 인정받았다. 그런데 그는 아마추어치고 피아노 실력이 꽤 좋았는데도 집에 남편이 있으면 절대로 연습을 하지 않았고, 집이 비었을 때만을 기다려 피아노를 연습했다. 자신이 실수하며 어렵게 연습하는 모습을 보여주고 싶지 않았던 것 같다.

게다가 메리는 다른 학생들이 그의 연주를 칭찬하면 그냥 말로만 하는 이야기라 치부했다. 그러면서 "중간에 제가 한 큰 실수를 눈치 못 채셨나 봐요"라고 칭찬을 빨리 덮으려 했다. 메리가 피아노로 칭찬받는 건 언제나 어렵고 불편한 일이었다. 나는 그가 정말 훌륭한 피아니스트로 성장할 수 있을 거라 생각했는데 그는 그 가능성조차 받아들이려고 하지 않았다.

어느 날 레슨을 하며 나는 메리에게 게임을 제안했다. 아무리 부정적인 생각이 들더라도 절대로 입 밖으로는 꺼내지 말기로 약속했다. 우리 머릿속에 어떤 생각이 떠오르는 건 통제할 수 없지만, 그 생각에 힘을 실어줄지 말지는 선택할 수 있다. 우리에게 우리의 말을 통제할 힘이 있다.

그렇게 규칙을 정하자 메리는 레슨 시간에 무의식적으로 부정적인 말을 내뱉거나 아니면 사람들 앞에서 연주를 한 뒤에 자신이 자동적으로 부정적인 말을 한다는 걸 점차 깨닫게 되었다. 우리는 이 습관을 고치기 위해 함께 노력했는데, 자신을 비난하는 말들이 입 밖으로 나올 때마다 웃으면서 '쉿!' 하고는 손가락을 입에 갖다 대며 게임의 규칙을 떠올렸다. 얼마의 시간이 지났을까. 부정적인 말을 퍼붓는 습관을 너무나도 고치고 싶었던 메리는 많은 노력을 기울였고 어느 순간부터는 게임의 규칙을 떠올리지 않고도 점차 그 말들이 입 밖으로 나오는 횟수가 줄어들었다.

그렇게 새로운 습관을 익혀갈 때 나는 메리에게 피아노 외에 어떤 것이든지 긍정적인 표현을 해달라고 부탁했다. 그리고 다른 사람이 칭찬하면 부정하거나 덮어버리지 말고 "감사합니다" 하고 단순히 받아들이라고 했다. 그 인식을 바꾸기까지 거의 3년 정도가 걸렸던 것 같다. 결국에는 그 변화가 눈에 보일 정도로 확실하게 나타났고, 메리는 자신을 훨씬 더 따뜻하고 친절하게 대하기 시작했다.

얼마 전 50대 중반이 된 메리는 그의 첫 피아노 독주회를 열었다. 그리고 독주회를 마치자 나에게 이렇게 말했다. "나는 내가 혼자서 피아노 독주회를 열 수 있으리라고 상상도 못 했어요. 내가 정말 자랑스러워요. 친구들, 가족들과 함께 제 음악을 나누는 그 시간이 너무 행복했어요. 그리고 제가 생각해도 오늘 너무 잘한 것 같아요!"

이 순간은 아마 내가 평생 기억할 순간으로 남을 것이다. 자신에게 가혹했던 메리가 이런 말을 했다는 게 가슴 벅차게 행복했다.

말에는 우리의 생각과 감정과 행동을 변화시키는 엄청난 힘이 있다. 그렇게 메리의 눈부신 성장은 그가 부정적인 생각을 입 밖으로 내뱉지 않음으로써 시작되었다. 우리는 얼마나 자주 일상생활에서 우리 자신 혹은 다른 사람에게 부정적인 말들을 하고 살고 있는가? 당신은 한 번이라도 자신의 그런 부정적 말들을 되돌아본 적이 있는가? 우리는 종종 자신이 하는 말을 지각하지 못할 때가 많다. 무의식적으로 독성이 강한 말들에 우리의 생각을 지배할 권한과 힘을 부여하고 있었던 것이다.

부정적인 말을 입 밖에 내는 것만으로도 그 말에 더 큰 권한과 힘을 주게 된다. 그래서 부정적인 말을 입 밖으로 꺼내지 않는다는 것은 우리가 그 생각을 인지하고 있지만, 그것이 우리 마음속에서 더 크게 자라지 못하게 막는다는 의미다. 그래서 이런 노력은 우리가 긍정적으로 변화할 수 있는 가장 중요한 첫걸음임에 틀림이 없다.

나는 나의 언어 습관에 몇 가지 원칙을 세웠다. 누군가에게 좋은 말을 할 게 아니라면 그냥 아무 말도 하지 않는 것이다. 반대로 어떤 것이라도 긍정적으로 할 말이 있다면 절대 부끄러워하지 않고 최대한 아낌없이 표현한다. 나는 나 자신에게도 다른 사람에게도 긍정적인 말을 아끼지 않는다. 그리고 주변에서 쉽게 들려오는 부정적인 말들에는 단호하게 반응한다. 이건 선생님이나 멘토들이 건네는 건강한 피드백과는 근본부터가 다르다. 이런 부정적인 말들은 다른 목적 없이 자신이나 다른 사람을 깎아내리기만 하는 말이다. 험한 말이나 욕설처럼 건강하지 않은 방식으로 자신의 화나 두려움을 표현할 뿐이다. 그런 독성 있는 말들은 그 말을 내뱉는 동시에 나에게도 부정적인 에너지를 주고 결과적으로 나를 해친다. 혹시 어떤 사람과 만났을 때 하는 이야기가 다른 사람의 험담밖에 없다면 정말로 그 사람과의 관계를 다시 생각해 볼 필요가 있다. 그렇게 시간을 허비하기엔 우리 인생이 너무 짧다.

　　또 다른 제자인 티나가 온라인 스트리밍 연주회를 진행했을 때 받은 메시지를 나에게 이야기하며 얼굴이 환하게 빛나는 모습을 보기도 했다. 드뷔시의 '아라베스크'를 연주하는 티나를 본 다른 사람이 "연주 너무 좋았어요!" 하며 반응을 남겼다고 했다. 티나는 그런 말을 들어 너무 행복했다고 말하며 그 느낌이 일주일이 지난 지금까지도 계속되는 것 같다고 했다. 그러면서 이렇게 덧붙였다. "짧은 한 문장일 뿐인데 그게 왜 그렇게 좋을까요?" 나는 티나의 마음을 너무나도 잘 이해할 수 있었다. 나 역시도 그러한 말이 주는 영향력을 아주 잘 알고 있다.

나의 연주회에서는 입구에 방명록을 놓아두고 연주가 끝난 후 관객들이 나에게 남기고 싶은 메시지를 적을 수 있도록 준비한다. 연주회가 끝난 뒤 나는 최대한 많은 관객을 만나고 싶지만, 현실적으로 짧은 인사를 나누고 악수하는 정도만 가능하지 관객 한 명 한 명과 의미 있는 시간을 보내기는 어렵다. 그래서 연주가 끝난 후 호텔로 돌아와 혼자 쉴 수 있는 시간이 되었을 때 방명록에 적힌 메시지를 하나하나 읽어보면 관객들의 마음을 느낀다.

그렇게 다른 사람에게 받은 긍정적인 말들은 내가 힘들거나 위로가 필요할 때마다 다시 찾아 읽는다. 그 말들은 내 인생의 비타민과도 같다. 정말 이상하지 않은가? 그건 그냥 말일 뿐인데 말이다. 그렇듯 단순하고 짧은 말이 이토록 큰 힘이 될 수 있을까?

생각해 보면 '말'이라는 이 엄청난 도구는 우리 모두가 언제라도 사용할 수 있다. 그리고 더 굉장한 점은 이걸 사용하는 데 전혀 돈이 들지 않는다는 것이다. 그러니까 우리가 이미 갖고 있는 이 초능력을 한번 사용해 보면 어떨까? 나에게뿐만 아니라 다른 사람에게 그냥 긍정적으로 말하는 것이다. 칭찬을 통해 누군가에게 용기를 주는 첫 번째 사람이 되어보자. 돈이 필요하지도 않다. 긍정적인 말을 하는 데 인색하게 굴지 말고 에너지를 가득 담아 전달해 보자. 이것이 우리가 사랑을 표현하는 방법이라는 걸 잊지 말자.

인생의 노를 함께 저어줄 사람을 찾아라

피아노는 오케스트라와 협연하거나 다른 악기와 앙상 블로도 연주할 수도 있지만, 한 대의 피아노만으로도 더없이 완벽한 독주가 가능하다. 하나의 악기로 이렇게 다채로운 연주가 가능한 것도 없을 것이다. 피아노는 오케스트라를 떠올릴 정도로 태풍처럼 몰아치는 음색을 낼 수도 있고 순식간에 섬세하고 감성적인 여린 음색으로 소리를 바꿀 수도 있는 팔방미인이다.

사람들은 가끔 어떤 악기를 연주하는지에 따라 음악가의 성격을 가늠해 보기도 한다. 예를 들어 오페라 가수라면 자신이 돋보이는 걸 좋아하는 성향이 많고, 트럼펫을 연주하는 음악가라면 느긋한 성향일 거라 추측하는 식이다. 피아니스트는 보통 내향적인 사람으로 다른 사람과 만나지 않고 홀로 연습하면서 몇 날 며칠을 보낼 수 있는 성격이라고들 한다. 당연히 편견 섞인 생각이지만, 내 경우에는 영 틀린 말도 아닌 것 같다. 나는 혼자서 일하고, 연주하고, 연습하고, 연주를 위한 여행도 혼자 떠나는 것에 익숙하다. 그래서 독립적으로 모든 일을 수행하되 세상과 단절되지 않도록 언제나 노력한다. 나는 연주자이면서 여러 학생들을 가르치는 선생님이기에 그 균형을 맞춰가려는 것이다.

한 가지 재미있는 점은 내가 가르치는 학생들 모두 어느 정도 독립적인 성향을 보인다는 것이다. 연습실에서 혼자 오래 연습하는 데에 익숙하고 혼자 있는 걸 더 편하게 여긴다. 그래서 나는 개인 레슨과 그룹 레슨을 함께 열어서 자기만의 세계에 갇히기 쉬운 피아니스트의 성향에 균형감각을 심어주기 위해 노력한다.

그룹으로 진행하는 클래스에서는 연습에서 느끼는 어려움을 나누거나 함께 한 권의 책을 읽으면서 토론하기도 한다. 다른 사람과 상호작용하고 도움을 주고받으면서 하나의 공동체를 이루고 있다는 소속감을 느꼈으면 하는 바람에서 시작한 일이었다. 또한 일 년에 세 번 정도 피아노

파티를 여는데 이때는 학생들의 가족이나 친구를 초대해서 연주를 선보이고 음식을 나누어 먹으며 이야기를 나눈다.

피아노를 배우는 학생들끼리 만나서 서로의 어려움과 성공 스토리를 나누는 이 모임은 성장하는 태도를 기르는 데 큰 도움을 준다. 그들은 서로를 격려해 주기도 하고 함께 배우는 과정 속에서 새로운 모험을 감행하기도 하며, 실수해도 괜찮은 안전한 환경을 만들어갔다. 학생들은 대체로 혼자서 피아노를 연습하지만 다른 한편으로 공동체에 속해 있기에 어려움을 겪을 때 옆에서 함께하는 동료가 있다는 것만으로도 큰 도움을 받을 수 있었다.

'피아노 파티'를 시작하기 전, 나는 무대 앞에 나가 관객들에게 이렇게 말한다. "마라톤을 할 때는, 어느 누구도 나 대신 뛰어줄 수 없죠. 하지만 우리 모두는 마라톤을 뛰는 선수들을 위해서 힘찬 응원을 해줄 수 있어요. 무대에 선다는 건 정말 엄청난 용기가 필요한 일이에요. 여러분의 응원과 힘찬 박수는 아름다운 음악을 선물할 모든 연주자들에게 큰 힘이 될 겁니다."

그리고 관객들과 함께 가장 큰 함성과 에너지로 박수를 치는 연습도 한다. 그렇게 한 사람의 연주가 끝날 때마다 '멋져요! 브라보! 잘한다!' 하는 응원과 박수 소리로 연주회 공간이 가득 찬다. 나는 응원을 받는 학생 한 사람 한 사람이 누구보다 살아 있음을 느끼면서 앞으로 살아가는 데 그 에너지를 연료로 사용할 것임을 잘 알고 있다. 그런 응원이 연주자에게 큰 도움이 된다는 것도 말이다.

인생은 정말 쉽지 않다. 예상하지 못한 시기에 실패와 어려움이 찾아오고, 마음속에서 일어나는 전쟁을 멈추는 방법은 어디에도 없다. 또한 주변에 부정적인 말을 내뱉는 사람이 많다면 이미 지치고 힘든 인생이라는 길이 더더욱 버겁게 느껴질 것이다.

만약 당신이 어려운 프로젝트를 진행하고 있는데 힘들어도 흥미롭고 재미있게 해나가고 있다고 가정해 보자. 만약 친구에게 이 프로젝트에 대해 이야기했는데 친구가 이런 말을 한다면 어떨까? "진짜 힘들겠는데? 그게 성공하려면 기적이 필요할지도 모르겠다. 주변에서 다른 사람이 하는 걸 봤는데 한 번도 성공한 적은 없었어." 아마 이런 말을 계속 듣는다면 당신도 이 프로젝트가 불가능하다고 생각하게 될 것이다.

그런데 친구가 다른 반응을 보인다면 어떨까? "정말 기발한 발상인데? 좀 더 얘기해 줘. 지금까지 살면서 너와 똑같은 관점으로 시도한 걸 본 적이 없었어. 기대가 된다. 한번 끝까지 계속해 봐!"

과연 어떤 반응이 우리에게 앞으로 나아갈 힘을 줄까? 외부의 장애물이 없더라도 우리는 자신 안에서 들리는 부정적인 목소리와 싸우고 있다. 그러므로 우리는 자신에게나 다른 사람에게 삶을 더 힘들게 하는 장애물을 굳이 하나 더 얹을 이유가 없다.

그러니 우리는 우리에게 긍정적인 에너지를 주고 최고의 모습을 끌어내주는 공동체를 선택해야 한다. 존경하고 닮고 싶은 사람, 긍정적인 에너지를 주는 사람을 곁에 두자. 미래를 언제나 부정적으로 바라보는 사람들과의 모임은 줄여보자. 우리는 우리가 존재해야 할 이유가 있는 공동체에서 더 빛을 발하게 된다.

새로운 앨범을 발매하며 내가 살고 있는 샌디에이고에서 연주회를 열었다. 관객들로 가득 찬 무대를 걸어가며 나는 다른 무대에서보다 훨씬 더 큰 박수와 환호가 무대로 쏟아져 나오는 것을 느낄 수 있었다. 연주회에 찾아온 나의 제자들이 수백 명 관객의 호응을 이끌고 있는 게 아닌가 싶을 정도로 뜨거운 반응이었다. 내가 직접 만든 공동체가 없었다면, 연주자로서의 커리어가 더 힘들고 외로울 수 있겠다고 생각했다.

연주자로서의 삶은 때로 고독하다. 화려한 무대 위에서 많은 사람의 함성을 받고 좋은 연주를 마치더라도 집에 돌아오면 외로움과 허무함이 느껴질 때가 분명히 있다. 하지만 나는 나의 공동체 안에서는 늘 보호받고, 또 함께 살아간다는 느낌을 받는다. 그들은 나를 위해 언제라도 기꺼이 도움을 주려고 하고, 나 역시도 그들의 인생에 깊게 연결되면서 나의 삶을 함께 나누고 싶다.

이런 공동체로 연결된다면 홀로 노를 젓고 있던 조각배 아래에 앞으로 나아가도록 도와주는 물의 흐름이 살며시 생겨나는 듯한 느낌을 받을 것이다. 그래서 어느 날 인생의 노를 젓는 일이 더 쉽고 가볍게 느껴질지도 모른다. 완전히 지쳐버렸을 때 다시 힘이 생길 때까지 다른 사람이 대신 노를 저어줄 수도 있다. 그렇게 우리는 서로를 위해 존재하는 것이다.

타인과 연결될 때
우리는 더 행복하다

나의 심리상담을 담당해 주신 빌 선생님은 나에게 카페나 휴게소에서 낯선 사람과 가벼운 대화를 해보라고 권해주신 적이 있다. 그 말씀을 듣고 나는 내 마음이 많이 다쳤다는 걸 알게 되었다. 왜냐하면 마음이 건강한 상태였다면 모르는 누군가와 이야기하는 게 전혀 문제가 되지 않았을 것이기 때문이다. 당시에 나는 나 자신조차도 낯설게 느껴지는 나를 세상으로부터 숨기느라 바빴고 낯선 타인과 소통하는 게 불편하고 싫었다. 사람 때문에 마음이 다칠까봐 몹시도 두려워했던 것 같다.

낯선 사람과 대화를 나누는 일은 우리를 세상에 드러

내고 소통하고자 하는 의지가 발현된 행동이다. 당신이 그들을 보고, 그들도 당신을 본다. 내가 이런 가벼운 대화를 나누며 배운 건 작은 행동으로 우리 마음이 열리고, 그로 인해 새로운 것을 받아들이는 태도가 생긴다는 거다. 이런 작은 대화는 길에서 마주친 누군가에게 웃으면서 "안녕하세요"라고 말하는 것, 가게에서 계산을 하기 위해 함께 줄을 선 사람과 나누는 일상의 이야기일 수도 있다. 하찮게 느껴지는 대화이지만 우리는 작은 소통을 통해 그 순간에 함께 존재하는 사람들과 연결될 수 있다. 그 짧은 시간이 나비 효과를 일으켜 세상에 큰 울림으로 전해질지는 아무도 모른다.

"이 기관에서 주최하는 연주회에 자주 오시는 편이신가요?" 나는 한 앙상블 연주회에서 옆자리에 앉은 어떤 할머니에게 말을 걸었다. 연주가 시작되려면 아직 10분 정도가 남은 때였다. 속으로 말을 한번 걸어볼까 망설이며 주저하던 참이었다. 그러기를 몇 분째 반복하다가 마침내 용기를 내어 할머니께 넌지시 말을 걸었다. 할머니께서는 2년 전 친구가 이 기관이 주최하는 연주회를 소개해 주었고, 그 친구는 지금 고관절 수술 때문에 밖으로 돌아다닐 수 없어서 혼자 오셨다고 했다. 그러면서 피아노가 포함된 모든 음악회를 다 좋아한다고도 덧붙이셨다. 나는 환하게 웃으며 "저도 그래요!" 하고 대답했다. 공연이 끝난 이후에도 할머니는 나와 함께 공연을 봐서 즐거웠다며 환하게 웃으며 떠나셨다. 나는 할머니의 뒷모습을 보면서 용기를 내 말을 걸기 참 잘했다는 생각을 했다.

그렇게 나는 조금씩 세상 밖으로 나오는 연습을 했다. 카페에서, 시장에서, 연주회에서, 낯선 사람과도 가볍게 대화를 나누었고 이런 행동은 내가 생각하는 것보다 훨씬 더 긍정적인 효과를 가져다주었다.

빌 선생님께서 이런 제안을 하신 데에는 또 다른 이유가 있었다. 한 심리 연구에서는 낯선 사람과의 대화가 사람들을 더 긍정적이고 행복하게 한다는 결과를 밝혀내기도 했다. 외향적이든 내향적이든 상관없이 대체로 낯선 사람과의 대화를 힘들어하고 대화가 즐겁지 않으리라고 예상하곤 하는데 막상 대화를 하고 나면 대부분의 사람들은 좋은 기분을 느낀다는 것이다.

내향적인 내 경험을 떠올려봐도 낯선 사람과 대화하고 좋은 기분을 느낀 적이 많았고, 대화를 하면 할수록 자신감도 더 생겼다. 지금 나는 의식적으로 노력하지 않아도 우연히 마주치는 사람들에게 자연스레 인사를 건네거나 눈을 맞추곤 한다.

낯선 사람과 이야기를 나누는 게 참 쓸데없다고 생각할지도 모른다. 특히 내성적이라면 더욱 이런 노력이 필요하지 않다고 생각할지도 모르겠다. 그렇지만 나는 당신이 꼭 한 번 시도해 보았으면 좋겠다. 그건 이웃에게 가볍게 건네는 인사일 수도 있고 누군가에게 밝은 미소를 보내거나 우연히 마주친 누군가와 나누는 쓸데없는 잡담 같은 것일 수도 있다. 낯선 사람과 가볍게 소통한 이후에 당신이 어떻게 느끼는지 머릿속으로 그 느낌을 떠올려보자. 그건 아마 예상했던 것보다 그렇게 불쾌한 경험은 아닐 것이다.

지금, 낯선 사람과 교류하고 소통하는 모든 순간에 작은 불빛이 반짝하고 빛난다면 어떨까 상상해 보자. 그렇게 당신은 세상을 향해 작게 빛을 내고 그 불빛을 본 다른 사람이 반응하며 또 빛을 낸다고 말이다. 서로는 서로를 향해 열려 있다. 사람들은 당신이 지금 이 순간 안녕하기를 바라며 당신 또한 그들의 안녕을 기원한다.

어쩌면 이렇게 짧게 연결되는 순간은 당시에는 아무것도 아닌 것처럼 보일지도 모른다. 그런데 좀 더 멀리서 바라본다면 지구는 수많은 불빛들로 반짝반짝 빛나는 것처럼 보일 것이다. 우리 모두는 그런 작은 소통을 하면서 이 은하계에서 하나의 유성이 떨어지는 듯한 아름다운 불빛을 창조한다. 우리, 이런 마법과 같은 순간을 더 자주 만들어 보기로 약속하자.

프란츠 슈베르트, 즉흥곡(Op.90 No.3)

슈베르트는 많은 친구와 활발한 교류를 하는 사교적인 사람이었다. 슈베르트와 그의 친구들은 일주일에 두세 번씩 만나서 음악, 시, 춤, 게임, 철학 등에 대해 토론하고 교외로 여행도 자주 다녔다. 좋은 사람들과 강력하게 연결되었던 힘이 슈베르트가 아름다운 음악을 만들 수 있었던 원동력은 아니었을까 생각한다.

슈베르트는 서른 한 살의 젊은 나이로 안타깝게 세상을 떠났지만 일찍 죽었다는 사실이 믿기지 않을 정도의 엄청난 양의 음악을 작곡했다. 그는 열아홉 살이 되었을 때 벌써 세 번째 교향곡과 200곡이 넘는 성악곡을 작곡했으며 미완성으로 남겨두고 발표하지 않은 곡도 어마어마하게 많았다. 다른 음악가들보다 어린 나이에 작곡한 곡이라 할 수 있겠지만 그의 음악은 절대 미숙하지 않았다. 슈베르트의 음악은 감성이 폭발하기보다는 절제하는 구성으로 음악에 깊이를 담아내며 아주 섬세하고 예민한 감수성으로 가득하다. 듣다 보면 말로 표현할 수 없을 정도로 폭넓은 감정의 표현과 신비로운 분위기를 느낄 수 있을 것이다.

'즉흥곡'은 자유로운 해석이 가능한 음악 형식 중 하나인데 마치 그 자리에서 즉흥적으로 만든 것과 같은 느낌을 준다. 어릴 때 생각지 못한 타이밍에 좋은 영감이나 깨달음이 갑자기 떠오르는 것처럼 이 곡 역시 음악의 심오한 깊이와는 다르게 몇 년에 걸쳐 작곡된 것이 아니라 단 몇 분 만에 작곡되었을지도 모른다.

만약 내가 단 한 곡만 선정해서 인생의 마지막 연주를 해야 한다면 주저하지 않고 슈베르트의 즉흥곡(Op.90 No.3)을 선택할 것이다. 이 곡은 모든 어려움을 극복한 순간의 희망과 평화로 가득한 느낌을 전달하기 때문이다.

내가 딱 한 번 무대에서 눈물을 흘렸던 것도 이 곡을 연주했을 때였다. 펑펑 운 것은 아니지만, 연주 내내 눈에 눈물이 고여 있었다. 당시 개인적으로 힘든 시기를 지나고 있었던 나는 이 곡을 연주하기 전에 이렇게 곡을 소개했다.

"이 곡은 언제나 위로의 메시지를 주는 것 같아요. 이 곡을 연주할 때마다 누군가가 '다 괜찮아. 모든 것은 다 지나가' 하며 저를 따스하게 안아주는 느낌을 받아요."

그렇게 이야기하고 이 곡을 연주하기 시작했을 때 나는 아주 복잡 미묘한 감정이 내 몸을 감싸는 것을 느낄 수 있었다. 그리고 연주를 마치고 나자 무언가 알 수 없는 용기와 희망이 내 안에 다시 피어오르는 듯했다.

내가 받은 이 선물을 당신에게도 주고 싶다. 다른 말은 필요 없다. 그저 이 음악에 담긴 모든 것을 받아들이기만 하면 된다. 아마 이 음악은 당신에게 지금 이 순간 꼭 필요한 격려를 건네줄 것이다. 내가 느꼈던 것처럼 당신의 마음에도 음악이 찾아와 당신을 꼬옥 안아줄지도 모른다.

김지윤 피아니스트가 연주한
슈베르트의 즉흥곡(Op.90 No.3)

몸과 마음의
균형을 잡는 법

내년에
더 젊어지는 비법

거쉰의 '랩소디 인 블루' 협연을 앞두고 대기실 벽에 걸린 시계를 봤을 때였다. '지금 시간은 7시. 7시 30분에 무대로 나가면 되니까 한 15분 정도는 명상할 수 있겠구나.' 평소처럼 나는 핸드폰 타이머를 15분으로 맞추고 하나부터 열까지 숫자를 세면서 하나에는 들숨, 둘에는 날숨으로 호흡하면서 서서히 명상을 시작했다.

그때 누군가가 대기실 문을 똑똑 두드렸다. 문이 조금 열리더니 무대 진행자의 모습이 보였다. 그는 내가 무대로 나가는 시간이 7시 30분이 아니라 거의 8시 정도가 될 것 같다고 말해주고는 조용히 떠났다. '그렇다면 거의 45분은 명상을 할 수 있겠구나.' 생각보다 길어진 느낌이었지만 명상을 끝내고 다른 것을 하기보다는 명상에 더 길게 집중해보기로 했다. 나는 보통 무대 직전에는 내가 연주할 곡이나 앞으로 이어질 연주에 대해 생각하지 않는 편이다. 대신 몸과 마음을 편하게 풀어주고자 한다. 그렇게 나는 다시 내 호흡에 집중했다.

무대에 올라가기 직전에 거의 1시간을 명상으로 보낸 건 그날이 처음이었다. 긴 명상을 끝낸 후 무대로 천천히 걸어가는 그 순간, 나는 무언가 다른 느낌이 드는 걸 깨달았다. 마치 소나무 숲에서 산림욕을 오래 하다가 방금 나온 것처럼 정신이 맑았다. 또한 마치 영화 속 슬로모션을 보는 것처럼 모든 순간을 명확하고 뚜렷하게 감각할 수 있었다. 그리고 머릿속의 부정적 생각들이 전쟁을 벌이지도 않는 새로운 경험을 했다. 연주하는 순간 내 머릿속에는 음악만이 존재했다. 그리고 오케스트라와 함께 화려했던 연주의 클라이맥스를 지나 마지막 음을 끝마치자 내 마음속 깊은 곳에서는 환희와 기쁨이 흘러넘쳤다.

무대 한가운데서 나는 음악과 오케스트라 단원들, 관객 모두를 뚜렷하게 느낄 수 있었다. 그 순간 나는 이런 생각이 들었다. '언제나 이런 마음의 상태로 연주할 수 있다면 얼마나 좋을까? 오늘 이 연주를 어떻게 준비했는지 그대로 기억하고 앞으로도 계속 반복하자. 이건 정말 대단한 발견이야.'

　나는 그전에도 명상을 꽤 오래 해왔지만 명상이 이렇게까지 연주에 영향을 준 건 그때가 처음이었다. 이런 체험을 하고 난 다음 날부터 나는 그 연주에서 느꼈던 맑은 정신 상태를 앞으로도 경험할 수 있기를 꿈꾸며 매일 명상을 더 열심히 수련하기 시작했다.

　많은 사람들은 명상을 복잡하거나 어렵게 느끼곤 하는데, 나는 가볍고 간단하게 실천하는 편이다. 명상을 하기 위해 그저 바닥에 앉아 눈을 감고 10분 정도 나의 호흡과 감각에 집중한다. 명상을 할 때 가끔 어떤 소리가 밖에서 들릴 때도 있고, 어떨 때 그 소리는 내 안에서 들리기도 하는데 그 순간 규칙적으로 반복되는 내 몸의 호흡에 온전히 집중하면서 지금 내가 있는 현재에만 신경 쓴다. 그 순간 머릿속에서 많은 생각과 감정이 나를 찾아왔다가 사라지는 것을 뚜렷하게 알아차리고 관찰할 수 있다. 때로는 어떤 한 줄기 빛이 내 몸을 따라 위에서 아래로 혹은 발끝에서부터 머리 꼭대기로 왔다 갔다 하는 것을 상상하면서 호흡에 집중하기도 한다. 사실 나는 명상을 연습한 지 이제 7년이 넘었는데 아직도 초보자라고 느낄 때가 많다. 그렇지만 매일매일의 연습을 통해 명상을 조금씩 더 깊게 이어나가는 중이다.

명상은 연주회 무대뿐 아니라 우리 삶을 잘 가꾸는 데에도 큰 도움을 준다. 명상으로 감정을 잘 조절했을 때 항상 마음이 더 자유롭고 평화로워졌다. 또한 나의 생각과 감정이 어떤 흐름으로 이어지는지를 더 잘 알게 되면서 나를 괴롭히는 생각이 들 때마다 그 생각에서 더 쉽게 빠져나올 수 있었다. 명상은 나에게 이런 해방의 순간을 선사하곤 한다.

사실 나는 그 특별한 연주 경험 이후 꾸준히 명상을 연습하고 있지만, 그날과 같은 정도로 강력한 경험을 아직 겪진 못했다. 어쩌면 그날 내가 할 수 있는 가장 높은 단계의 맑은 정신을 맛보았던 것일 수도 있다. 그것이 다시 오지 않을 특별한 경험이었는지도 모르지만, 그 단계의 경험에 다가서기 위해 지금도 매일 노력한다. 내가 명상을 연습하고 있지 않았다면 애초에 느낄 수조차 없는 경험이라는 걸 잘 알기 때문에 끊임없이 더 높은 차원에 도달하고자 명상을 수련하는 것이다. 그렇게 나는 연주를 할 때마다 그런 편안한 마음과 맑은 정신 상태를 기대하고 그 상태에 도달하기 위해 내가 아는 모든 방법을 동원하여 연주를 준비한다.

내가 처음 명상을 시작하게 된 건 나와 아주 가까웠던 어떤 사람과 헤어져 힘든 시기를 지나고 있을 때였다. 친구 중 한 명이 나에게 도움이 될 거라며 '헤드스페이스'라는 명상 애플리케이션을 추천했다. 나는 정말 지푸라기라도 잡는 심정으로 명상을 시작했다. 당시 나는 괴로움에 허덕이며 학교 강의를 나갔는데, 밤새 울어 퉁퉁 부운 눈에서 또다시 눈물이 터져 나올까 봐 마음을 다잡아야 할 정도로 상태가 좋지 못했다. 그때 나는 마음이 아프다는 게 정말 나의 신체에서 느껴지는 고통이라는 것도 처음으로 알 수 있었다. 감정이 북받칠 때마다 나는 '5시까지만 참자. 일이 끝나고 집에 가서 울면 돼. 2시간만 더 참아' 하고 스스로를 다독거리곤 했다.

그렇게 명상 애플리케이션을 시작하고 얼마의 시간이 지났을까? 솔직히 말하자면 어떤 변화가 느껴지는 것 같지는 않았다. 나는 계속 마음이 아팠고 내 마음이 괜찮아지고 있다고 느끼지도 못했다. 때로는 내가 명상을 하며 호흡에 집중하는 방식이 나의 아픔을 모르는 척 덮어두려는 시도는 아닌가 의심이 들 때도 있었다. 명상 애플리케이션 속

명상을 진행하는 남성의 음성도 가끔은 나를 매우 짜증나게 했던 것 같다. 명상을 진행하고 방법을 차분히 설명해주는 녹음된 그 목소리를 향해 나는 "당신은 내가 지금 얼마나 아픈지 몰라! 당신이 하라는 거 하나도 못 하겠다고!" 하며 괜히 소리를 지르기도 했다.

왜인지는 모르겠지만 그렇게 짜증내고 아무런 효과가 없다고 투덜대면서도 나는 매일 그 명상 애플리케이션을 열었다. 어쩌면 그 기계 속의 음성이 우울하고 힘든 시간을 보내는 내게 조금은 위로가 됐는지도 모른다.

그렇게 한 두 달 시간이 지난 어느 날, 나는 더 이상 시계를 보면서 언제쯤 집으로 돌아가 마음 편히 울 수 있을지를 생각하지 않게 되었고, 슬픔 때문에 느껴졌던 가슴의 통증도 거의 느껴지지 않았다. 그리고 어느 순간부터 명상의 고요한 시간 속으로 깊이 들어갈 수 있기를 고대하게 되었다. 명상을 할 때에는 어떠한 생각도 걱정도 감정도 존재하지 않는, 완벽한 '현재'의 시간을 느꼈다. 이것이 내가 명상을 시작하게 된 이야기다. 그 후로 명상은 내가 무대 뒤에서 꾸준히 실천하는 일상의 습관으로 자리 잡았다.

내가 실천하는 습관이 정확히 삶에 어떤 긍정적인 영향을 미치고 있는지 정확하게 파악할 수는 없다. 하지만 명상을 통해 내 마음의 생각을 더 빠르게 인지하게 되었다는 건 확실하다. 특히나 그 마음의 소리들이 부정적일 때 이 방법은 더 큰 위력을 발휘했다.

미국에서 코로나로 난리가 났던 초기에 시장을 보러 대형 마트에 갔는데, 그 큰 마트에 휴지와 물이 모두 동이 났다. 그뿐만 아니라 살 수 있는 음식들도 거의 없었다. 텅 텅 비어버린 마트를 걷고 있자니 말로 형용하기 힘든 무섭 고 두려운 생각이 나를 엄습했다. '세상이 이제 곧 멸망하 는 걸까? 이렇게 전쟁이 나는 건가? 지금 나는 뭘 해야 하 지?' 하는 생각이 꼬리를 물면서 내 머릿속을 어둡게 채워 나갔다. 곧이어 나는 내 감정의 부정적인 변화를 직감했고, 마트의 어느 구석에 가만히 서서 내 마음을 가라앉힐 수 있 는 응급 명상을 시작했다. 그렇게 나를 다잡으며 내 호흡에 집중하고자 노력하니 그 노력이 통했다. 나는 부정적인 생 각의 깊은 골짜기에서 나를 지켜내고 마음을 가라앉혔으며 내가 가야 할 다음 장소로 무사히 이동할 수 있었다.

명상을 통해 나는 내 인생을 '일시 정지'하는 방법을 배웠다. 어떤 심각한 생각에 사로잡혀서 걱정을 하거나 우 울해할 때 그 마음에서 빠져나올 수 있게 된 것이다. 나와 부정적인 생각을 분리하는 능력은 나에게 아주 큰 힘이 되어주었다. 10분이든 20분이든 명상을 통해 삶을 잠시 멈춘 다음 다시 걱정에 휩싸인 내 모습으로 돌아오자 신기하게도 그 걱정의 크기가 이전보다 작아져 있는 듯한 느낌도 들었다.

무대에서 연주할 때는 정말 수많은 생각이 내 머릿속에서 떠올랐다가 사라진다. 그때 떠올린 생각들은 내가 그 순간 집중해야 하는 음악과 관련이 없는 경우가 많다. 하지만 그런 생각을 하거나 걱정을 하는 사람은 다름 아닌 '자신'이고 모든 것은 나만의 생각이다. 그래서 나는 매일의 명상을 통해 나를 내 생각으로부터 분리시키는 훈련을 한다. 찰나의 부정적인 생각으로 스스로를 피해자라고 생각하게 되거나 끝없는 걱정의 굴레에 말려 들어가지 않도록 말이다.

나는 명상을 통해 나쁜 생각이 긍정적으로 바뀌는 마음의 힘을 기를 수 있다고 믿는다. 물론 언제나 통하는 건 아니겠지만 명상을 통해 나를 더 객관적으로 바라보는 노력을 하기 때문에 나의 감정을 더 정확히 파악할 수 있다. 그리고 그 명상은 지금 현재에 나를 더 온전히 머물 수 있게 한다. 지금 내가 먹는 음식, 내가 보는 사람들, 나와 이야기 나누는 목소리, 내가 느끼는 이 음악, 손끝에서 느껴지는 피아노 건반의 촉감에 집중할 수 있다. 어떨 때는 이런 노력들이 내 인생을 더욱 천천히 흐르게 도와주는 것 같기도 하다. 내가 이 순간을 더 깊게 느끼고 음미할 수 있도록 말이다.

명상이 마음속 생각을 다시 정렬하는 활동이라면 요가는 신체를 다시 정렬하는 활동이다. 나는 나의 에너지를 전부 쏟아내는 연주회가 끝난 후 요가로 다시 삶의 리듬을 되찾고 있다.

사람들은 연주회를 준비하는 과정이 연주회를 마치고 일상으로 돌아오는 과정보다 더 어렵다고 생각할지도 모른다. 하지만 산에 올라갈 때만큼이나 내려올 때에도 집중해야 부상을 당하지 않는 것처럼, 일상으로 돌아오는 과정에 있을 때에도 집중력을 잃어서는 안 된다.

그런데 그 과정도 쉽지가 않다. 나는 보통 연주 전보다 연주 후에 더 잠을 못 자는 편이다. 독주회든 협연이든 연주회를 준비하기까지는 엄청난 시간과 노력이 필요하고 나는 몸 속의 모든 세포들을 다 끌어모아 집중한다. 그런 연주가 끝난 직후에는 머릿속에서 그 연주회가 계속해서 다시 재생되는데 아무리 노력해도 그 영상의 전원을 끄기가 어렵다. 수백 명의 관객이 보낸 함성과 무대 조명은 이미 꺼져버렸지만 아직도 그 무대에서의 에너지와 아드레날린을 몸 안에서 생생히 느낄 때도 있다. 그리고 다음 날 나는 평범하고 소박한 나의 일상에서 다시 눈을 뜨고 여느 때와 같은 아침을 맞이한다.

나는 내가 최고의 연주를 보여주기 위해 노력하는 것만큼이나 소소한 일상을 살고 있는 한 인간으로 다시 돌아가는 일이 중요하다고 생각한다. 누구라도 높은 강도의 큰 행사를 치르고 나면 몸과 마음이 다시 평소의 상태로 돌아오기 위해서 그만큼의 적응 기간이 또 필요한 법이다. 그래서 연주회가 끝나면 나는 마음을 안정시킬 수 있는 요가 동작으로 수련한다.

요가를 하다 보면 마음에 무엇이 쌓여 있든 그것을 쉽게 놓아줄 수 있게 된다. 나는 아주 성공적이었던 연주회는 더 생생하게 기억하길 원하고, 또 내 마음에 들지 않았던 연주회는 더 빨리 잊어버리기를 바란다. 하지만 그런 내 마음과는 상관없이 시간이 지나면 모든 감정과 기억은 조금씩 흐려지곤 했다. 가장 성공적이고 행복했던 연주들도 그렇게 지나갔고, 가장 참혹했던 실수나 실패 또한 그렇게 지나갔다. 그렇게 스쳐 지나가는 인생의 한가운데에서 내가 할 수 있는 유일한 행동은 이 지면에 단단히 서서 나의 몸과 마음의 중심을 잡는 일이다.

나는 내 마음의 중심을 잡기 위해 무던히 노력하고 있다. 하루를 시작하고 마무리하거나 연주회를 준비하고 마무리하는 모든 날들에 늘 요가를 한다. 요가는 삶의 중심을 잡을 수 있게 도와주고 평화로운 공간으로 마음을 이끌 수 있는 새로운 길을 제시한다.

요가는 몸의 중심을 찾는 동작으로 이루어져 있어서 그 동작들은 우리 마음과 정신까지도 중심이 잡힐 수 있도록 도와준다. 때로 마음의 문제가 몸의 문제로 나타나 상황을 더욱 악화시키곤 한다. 종종 스트레스나 좌절감, 혹은 걱정이 턱이나 어깨 혹은 고관절 등 몸에 오롯이 쌓이는 경우가 많다. 그래서 몸을 풀어주고 열어주는 요가를 하면 우리의 마음과 정신이 그 열린 길로 따라가면서 부정적인 감정을 자연스럽게 해소할 수 있다. 우리의 정신과 몸은 똑같은 장소에 함께 머무르고 있기 때문이다. 이렇게 요가 수련은 나에게 생긴 일을 기꺼이 받아들이는 마음과 모든 어려움을 우리 마음에서 놓아버릴 수 있는 방법을 가르쳐준다.

나는 친구의 추천으로 요가를 시작하게 되었다. 친구가 요가 선생님을 소개해 줄 때까지만 해도 나는 요가를 게으름 피우며 운동하는 척할 수 있는 활동이라고 생각했다. 게다가 요가는 대체로 스트레칭을 하는 동작이 많다 보니 나에게 그렇게 구미가 당기는 운동은 아니었다. 누군가 나에게 요가를 한다고 하면, '저는 사실 진짜 운동하기 싫어요' 하고 말하는 것처럼 들릴 정도였으니. 나는 운동할 때 심장 박동수가 올라가고 땀을 뻘뻘 흘리면서 하는 활동을 좋아하는 편인데, 요가는 정적인 느낌의 운동이라 생각해서 사람들이 왜 요가에 빠지는지 전혀 이해할 수 없었다.

『내년에 더 젊어지는 비법(Younger Next Year)』이라는 책을 그즈음 우연히 읽고 있었는데 그 책의 저자가 요가가 우리 삶에 주는 장점을 설명하며 책을 읽는 독자들에게 요가를 시작하라고 강력하게 권하는 게 아닌가. 그 책을 통해 요가에 내가 알지 못하는 어떤 특별한 무언가가 있을지도 모른다는 생각을 어렴풋이 하게 되었다.

그렇게 나는 호기심을 따라가 보기로 결심하고 친구가 추천해 준 선생님과 약속을 잡기 위해 전화를 걸었다. 수화기 너머에서는 안정되고 부드러운 목소리가 들렸다. 그 순간 선생님의 목소리를 듣는 것만으로도 내 몸의 긴장이 풀리는 듯한 느낌이 들었다. 그렇게 개인 레슨이 시작되었고 나는 처음 요가를 접한 이후 3년이 지난 지금까지도 꾸준히 요가를 하고 있다. 느리지만 꾸준하게, 내 일상에 요가가 스며들 수 있도록 내 마음을 조금씩 열기 시작했다.

숙련된 요가 수행자들은 아침에 일어났을 때, 두 손과 두 발을 바닥에 짚고 엉덩이를 위로 높게 올려 역 V자를 만드는 자세를 취하며 자신의 몸 상태를 스스로 관찰한다. 이런 기본 자세로 오늘 몸의 어느 곳이 굳어 있는지, 어떤 자세를 취해야 할지 처방하면서 컨디션을 조절한다는 것이다. 언제나 나는 내 마음과 생각을 더 들여다보려고 노력하지만 몸에 대해서는 항상 예민하게 관찰할 수 없었기 때문에 요가 수행자들이 자신의 몸을 정확히 인지하는 능력이 정말 부럽다. 나는 여전히 요가를 연습하면서 내 몸에 대한 지각력을 높이고자 노력한다. 생각은 몸에 살고 몸은 정신 안에 산다. 나의 몸을 스스로 잘 파악할 수 있다면 내 마음과 생각도 더 건강한 방법으로 따라오리라는 건 분명했다.

"지윤 씨, 긴장을 풀고 그것을 마음에서 놓아주세요." 고관절을 풀어주는 스트레칭 자세인 비둘기 자세를 하고 있을 때 요가 선생님이 내 등 뒤에 손을 지긋이 갖다 대면서 말씀하셨다. 고관절을 풀어주는 자세를 하면 밖에서는 아무런 변화가 보이지 않겠지만 몸 안에서는 열심히 긴장하면서 잡고 있던 어떤 무언가가 풀리는 듯하다. 그리고 내가 열어놓은 그 공간을 통해 1센티미터쯤은 더 자랐다는 확실한 느낌을 받곤 한다.

요가의 어떤 자세는 정신에까지 영향을 준다. 예를 들어 위풍당당한 전사 자세는 우리 마음을 안정시키고 자신감과 용기를 불어넣는 자세로 알려져 있다. 무대로 나가기 직전 내가 자주 하는 요가 자세는 전사 자세처럼 서서 하는 동작인데 그런 자세를 하고 나면 더 자신감 있고 차분하게 무대로 나갈 수 있다. 내 가슴을 활짝 열고, 손과 팔을 하늘로 뻗으면서 오늘 무대의 주인공이 바로 나이며 스스로 무대를 책임진다는 신호를 보내면서 몸과 마음을 준비한다. 이런 자세들은 나에게 힘을 북돋아주고 강하고 밝은 에너지를 끌어올린다.

최근에는 아침에 일어나서 어떤 요가 자세가 나에게 필요한지 스스로 확인하고 있다. '오늘은 허리가 아프니까 이 자세를 해야겠다' 혹은 '오늘은 마음이 좀 가라앉아 있으니까 이 자세를 더 오래 지속해야지' 아니면 '뒷다리 관절이 오늘 너무 뭉쳤네. 이 자세를 해야겠어' 하는 식이다.

그리고 내 상태를 계속 체크하면서 필요할 때마다 그에 맞는 요가 자세를 취하곤 한다. 짧지만 달콤한 10분 동안의 시간은 언제나 잔잔한 평화를 남겨주고 떠난다.

요가는 또한 내 삶의 방식으로 자리 잡았다. 요가를 하며 나와 대화하고 나에게 더 관대해지면서 스스로를 치유하는 법을 배웠다. 누구나 그러하듯 나 역시도 스스로에게 그렇게 관대하지 못하다. 하지만 요가를 수행하며 어떤 상황에서든 나를 있는 그대로 받아들이는 법을 연습한다.

요가는 움직이면서 하는 명상이다. 가만히 앉아서 하는 명상과 요가의 차이점이 있다면 요가는 몸을 먼저 움직여 마음이 따라오게 함으로써 몸이 마음을 이끄는 활동이라는 점이다. 우리가 명상을 하면서 몸을 움직이는 이유는 움직일 때 우리의 호흡에 더 쉽게 집중할 수 있기 때문이다. 요가 수련을 충분히 마치고 나면 한결 가벼워진 몸과 함께, 명상을 마치고 난 뒤와 비슷한 정도로 안정된 마음이 샘솟는다.

나이가 들면서 나의 유연성이 예전만큼 좋지 않다는 걸 느낀다. 하지만 나는 유연성이 부족한 내 몸을 더 부드럽고 인자하게 받아들이고 굳어진 몸의 어떤 부분을 더 열

수 있을지 가능성을 살피면서 요가를 통해 조금씩 문을 두드린다. 언젠가 그 숙련된 요가 수행자들처럼 내 몸도 유연하게 풀어지는 날이 올지 그 누가 알겠는가. 그래서 그 열린 몸의 공간을 통해서 내 마음도 더욱더 평화롭고 자유로워지기를 소망한다.

요가는 산에 올라가는 것과 비슷하다. 단순히 올라갔다가 내려오는 것이 아니라, 그 길 위에서 속도를 낮추고 다른 길로 걸어가거나 또 다른 아름다움도 발견할 수 있다. 그 여정 속에서 당신은 자신의 몸과 마음에 더 깊숙이 다가가고 그 안에 숨어 있는 평화로움을 만날 수 있을 것이다.

우리가 매일
만 보씩 걸어야 하는 이유

제자들이 연주에 어려움을 겪거나 연습에 집중하지 못하는 것 같을 때 나는 그들에게 평소처럼 잘 지내느냐고 반드시 묻는다. "잠은 잘 잤나요?", "요즘 건강하게 먹고 있나요?", "운동은 자주 하나요?" 규칙적인 수면, 건강한 식생활, 적당한 움직임 중 하나라도 잘 지켜지지 않으면 연습 습관이나 마음가짐, 건강에 약간의 틈이 생기고 그 틈을 통해 피아노 연주에도 부정적인 영향을 끼치기 때문이다.

인생의 모든 것은 유기적으로 연결되어 있다. 그래서 나는 내가 더 나은 피아니스트가 되고 싶고 더 좋은 사람으로 거듭나고 싶을 때 항상 밖으로 나가 걷곤 했다.

인간은 아주 복잡하게 만들어진 존재다. 우리가 하는 운동이 우리의 삶에 얼마나 영향을 끼치는지는 정확히 알 수 없지만, 한 가지는 분명하다. 우리는 반드시 매일 움직여야 하고 그 움직임은 우리 몸과 마음에 직접적인 영향을 미친다는 것이다. 우리는 특별한 장비나 기술 없이도 원하기만 한다면 편안한 신발 하나만 신고 밖에 나가 걷기 운동을 할 수 있다. 몸을 움직이는 활동은 내 인생의 균형을 맞추는 데 아주 큰 도움을 준다. 컴퓨터를 껐다 켜서 다시 시작하는 것처럼 내 몸을 매일 재부팅하는 듯한 느낌도 든다.

꾸준한 운동 습관은 내 삶에 정말 긍정적인 영향을 주었다. 일하는 시간과 쉬는 시간의 경계가 생겼고 감정도 더 잘 다스릴 수 있게 되었으며 다른 사람과 더 나은 관계를 이어가는 데에도 많은 도움을 받았다. 그리고 때로는 내 인생의 문제가 저절로 해결되는 듯한 경험도 했다. 나는 우리가 그렇게 매일 움직일 때 건강하고 긍정적이며 효율적인 인생을 꾸려갈 수 있다고 믿는다.

물론 언제나 문제는 꾸준함인 것 같다. '어제 운동을 했으니 오늘은 안 해도 괜찮겠지' 하며 넘길 수가 없다. 매일 음식을 먹어야 하는 것처럼 우리 몸을 움직이는 운동도 매일 지켜가야 할 인생의 습관이 되어야 한다.

연주가 있는 날 나는 최소한 한 시간 정도 걸으면서 그날 내가 연주할 음악을 머릿속으로 연습한다. 비나 눈이 오거나 너무 추운 날에는 걷기가 힘들지만, 날씨만 허락한다면 연주 당일 꼭 걸으려 한다. 그런 특별한 날에 나는 내 발걸음을 재촉하지 않는다. 어떨 때는 멈춰서 경치를 구경하고 머릿속 음악 템포가 발걸음 속도보다 느리다면 더 느긋하게 보조를 맞춰 걷기도 한다.

그렇게 걸으면서 늘 내 마음을 다스린다. 연주회가 있는 날에는 특히 성공적인 연주를 위해 걷기를 통해 내 몸과 정신을 준비했다. 별것 아닌 것 같은 걷기는 이렇게 우리 인생에 꼭 필요한 어떤 특별한 선물을 우리에게 가져다준다.

어릴 때부터 나는 걷기를 좋아했다. 한국에서 살던 어린 시절에는 걷는 게 숨 쉬는 일처럼 아주 당연했다. 학교나 피아노 학원에 갈 때는 물론이고 아침에 약수 물을 뜨러 뒷산에 가거나 유모 언니였던 남이 언니를 따라 장에 갈 때도 언제나 걸어서 갔다.

미국으로 거주지를 옮겨 오니 상황은 완전히 달라졌다. 미국에서는 뉴욕과 같은 큰 도시가 아니라면 자동차 없이는 일상생활이 불가능하다. 유치원부터 고등학교를 다닐 때까지 학부모가 자녀를 차로 학교에 데려다 주어야 하고 그게 아니라면 학생들은 스쿨버스를 이용해 통학한다. 그래서 그런지 걷기를 통해 모든 일을 시작하고 다시 걸어서 집으로 돌아가며 일을 마무리했던 어린 시절이 더 그리워진다.

걷다 보면 생각에 깊이 빠져들곤 한다. 가끔은 친구와 중간 지점에서 만나 학교로 함께 걸어가기도 했고 어쩔 때는 남이 언니가 학교 정문 앞에서 우리 집 강아지 제니와 기다렸다가 학교가 끝난 후 함께 집으로 걸어가기도 했다. 행복한 기억들은 언제나 내가 걸었던 길 위에 존재했다. 나는 항상 배꼽이 빠지도록 깔깔거리며 웃고 새로운 발상이나 아이디어를 떠올리기도 했고 때로는 길 위에서 마음이 아파 엉엉 울기도 했다.

게다가 아주 기초적인 몸의 움직임이라 할 수 있는 걷기는 인생을 더 소중하게 생각할 수 있게 도와준다. 내가 걷고 있다면 내가 지금 걸을 수 있을 만큼 건강하다는 의미이고, 살아 있다는 의미이며, 지금 이 순간에 오롯이 존재한다는 의미이기도 하다. 걷기 위해서 나는 특별한 무언가를 준비할 필요가 없다. 그저 길 위에서 한 걸음씩만 더 나아가면 된다.

　살면서 손에 꼽을 정도로 '오늘 하루 정말 열심히 살았다'고 생각한 날들이 있는데 그때는 모두 내가 걸었던 날이었다. 요즘은 매일 1시간 20분 정도 걸리는 만보 걷기를 실천하고 있다. 이렇게 걷는 동안 나는 몸의 움직임에 집중하고 아무런 생각을 하지 않으면서 휴식하거나 오히려 어떤 생각 하나에 집중해 보기도 한다. 피아노를 연주하는 긴 시간 동안 늘 의자에 앉아 있기 때문에 걸으면서 몸을 움직이며 균형을 맞추고자 하는 것이다. 집에서 많은 시간을 보내며 일을 하는 나에게 일과 휴식을 분리할 활동이 필요했는데 걷기 운동이 피아노와 나를 분리해 주었다.

　우리는 휴식할 때 침대에 눕거나 소파에서 쉬는 것보다 몸을 가볍게 움직일 때 몸과 마음을 완전히 놓아버릴 수 있다. 30분 동안 소파에 앉아서 쉬는 것과 밖에 나가 바람을 쐬면서 가볍게 30분 정도 걷는 것. 이 두 가지 휴식을 비교하자면 나는 걸은 이후 훨씬 많은 에너지를 받았고 다음에 해야 할 일도 활기차게 준비할 수 있었다. 그래서 소파에 그냥 앉아서 아무것도 안 하고 싶다는 생각이 들더라도 걸은 후의 상쾌함을 상상하며 나를 다잡을 때가 많다. 나는 신발을 신을 때부터 밖에 나가 바람과 햇볕을 쐬면서 걷기를 마치고 돌아왔을 때의 나른하면서도 기분 좋고 활기찬 감정을 떠올린다. 나에게 가장 좋은 휴식 시간은 내가 하던 활동과 나를 완전히 분리시킬 수 있는 걷기를 할 때다. 걷기를 통해 몸과 마음이 모두 편해지면 그다음 내가 해야 할 일에 완전히 몰입할 수 있었다.

걷기는 우리 삶의 여정과 참 많이 닮아 있다. 나는 걸을 때 어느 목표점을 정해두고 거기에 도달하려 하기보다는 걷기 그 자체를 즐긴다. 내 몸의 컨디션에 따라 걷기의 속도도 언제나 바꾼다. 아주 천천히 걷거나 필요할 때 잠시 쉬어가기도 한다.

우리는 종종 앞으로 걷는 일에만 집중해 우리가 필요할 때 가끔 느리게 걸어도 괜찮다는 걸 잊을 때가 있다. 그럴 때 내 컨디션을 파악할 수 있는 능력이 필요하다. '지금 피곤한가?', '오늘은 걷는 데 얼마만큼의 에너지를 쏟을 것인가?', '조금 더 천천히 가야 하나?' 나는 걸을 때 내 발바닥이 지면에 맞닿고 다리 힘으로 땅을 누르며 앞으로 나아가는 느낌이 참 좋다. 때로는 걷는 것만으로도 내가 어떤 초능력을 가진 듯한 느낌도 받는다. 생각해 보면 지금 우리는 너무 당연하게 걷지만 처음 걸음마를 배웠을 때는 참 많이도 넘어지고 실패했다.

　나는 내 삶에 최선을 다해 임하고 싶다. 그리고 나는 몸의 움직임이 나의 효율성을 높인다는 걸 너무도 잘 안다. 오랫동안 걸으면 그 전에 어떤 기분이었든지 언제나 걷기를 시작했을 때보다 더 나아진 기분이 든다. 나에게 걷기란 나 스스로 만들어낼 수 있는 초강력 비밀 항우울제다. 연구 결과만 살펴보더라도 인간이 몸을 움직이는 활동을 하면 감정이 더 나아진다고 한다. 조깅이나 달리기를 통해 사람이 느낄 수 있는 특별한 도취감을 러너스 하이(Runner's High)라고 하는데 어떤 연구에서는 굳이 뛰지 않고 심장 박동수를 높여주는 강도 높은 활동을 20분 이상 지속하면 모두 다 느낄 수 있는 효과라고 한다. 나도 오랜 시간 걷거나 다른 운동을 30분 이상 지속할 때 이런 도취감을 느낀다.

　피아노를 치는 움직임이 걷기처럼 인간의 자연스러운 활동이었으면 어땠을까 상상할 때도 있다. 피아노도 물론 손가락이나 팔의 움직임으로 연주하지만 훈련을 통해 방법을 습득하는 것이지 인간의 당연한 활동은 아니다. 하지만 걷기는 다르다. 걸을 때의 움직임은 인간 안에 당연하게 내재되어 있다. 우리가 만약 아주 먼 옛날에 살고 있다면 우리는 아마도 수렵채집이나 사냥을 위해, 매일매일 일상적으로 오랜 시간 걸었을 것이다.

걷기는 먼 과거의 인류와 현재의 우리가 접속하는 방법은 아닐까. 걷기를 통해 우리가 인생을 더 긍정적이고 건강하게 만끽할 수 있는 긍정의 호르몬 엔도르핀이 나오는 걸 보면 걷는 행위는 인류가 숨겨놓은 비밀을 알아가는 과정인 것 같기도 하다.

머릿속이 복잡한가? 아니면 우울한가? 당장 기분 전환이 필요한가? 휴식이 필요한가? 조금 더 창의적으로 생각하고 싶은가? 그렇다면 지금 당장 밖으로 나가서 한번 걸어보자. 춤을 추거나 자전거를 타거나 등산을 하거나 수영을 하거나 상관없다. 지금 당신의 몸을 움직여라. 그리고 그 활동을 매일 반복해서 실행해 보자.

물론 운동이 삶의 모든 문제를 해결해 주지는 않는다. 하지만 몸을 움직이는 노력은 결과적으로 내 삶을 긍정적으로 끌어갈 수 있게 도와주었다. 매일 몸을 움직이는 건 우리가 자신에게 할 수 있는 최고의 선물이자 최고의 투자다.

절제는 나를 사랑하는
최고의 방법이다

　　연주회에서는 마라톤을 뛰는 것처럼 내 모든 에너지를 다 끌어다 써야 할 때가 많다. 그런데 음식을 소화하는 데 내 몸의 에너지를 너무 많이 써버리면 연주하면서 정신 집중을 하기가 더 어려웠다. 음식을 너무 많이 먹거나 기름기가 많은 음식을 먹은 날에는 피곤함과 동시에 잠이 몰려오기도 했다. 그래서 나는 연주 전에 소화하는 데 오랜 시간이 걸리는 무거운 음식을 잘 먹지 않는다. 평소에 어떤 음식이 내 몸과 마음에 어떤 영향을 끼치는지 주의 깊게 관찰했다가 연주회 날의 음식을 정하고 있다.

　　몸을 쓰는 운동선수가 몸을 관리할 때 전문 영양사의

식단을 철저하게 지키는 것처럼 나도 피아노를 연주하기 위해 내 몸을 정비하고 정신을 집중하여 최고의 컨디션을 유지해야 했다. 어떤 음식을 어떻게 먹느냐에 따라 연주에 몰입하는 집중력과 지구력에 많은 차이가 있다는 걸 알게 되자 문득 이런 생각이 들었다.

'연주회를 하지 않는 평소에 나는 얼마나 음식에 신경을 쓰고 있었지? 일상의 다른 날들 역시 좋은 식습관을 통해 내 몸을 아껴줘야 하는 거 아닐까?'

그리고 그건 피아니스트로서만이 아니라 행복하고 건강한 삶을 살고자 하는 인간으로서도 필요한 일이었다.

연주 당일 먹는 음식이 연주회 동안 나의 몸과 마음에 어떤 영향을 미치는지 궁금해서 탐구하기 시작한 이 식습관 개선 실험의 일환으로, 나는 4년이 넘는 기간 동안 고기를 먹지 않았다. 처음에는 소고기와 돼지고기를 먹지 않았고 그다음으로는 닭고기도 끊었다. 그리고 이후에는 유제품까지도. 이 식습관은 아주 오랜 시간에 걸쳐 천천히 진행했다. 그리고 여전히 가끔 먹는 초밥과 같은 생선 요리를 제외하고는 고기나 유제품을 먹지 않는다.

가공식품이나 설탕도 되도록 먹지 않으려 한다. 그 음

식에 들어간 원재료 본연의 맛을 더 느낄 수 있도록 말이다. 아침에는 주로 제철 과일과 따뜻한 차를 마신다. 사실 나는 어렸을 때부터 채소나 과일, 담백하고 기름기 없는 음식을 주로 먹어서 이런 식습관을 지켜가는 게 크게 어렵지는 않았다. 억지로 노력하지 않아도 평생 그런 식습관을 지켜오던 사람처럼 자연스럽게 받아들일 수 있었다.

커피도 더는 마시지 않는다. 평소보다 긴장되는 연주 당일 커피를 마시면 카페인 때문에 더 가슴이 뛰는 듯한 느낌이 들었다. 그게 싫어서 연주가 있는 날에 커피를 마시지 않으려 노력했는데 평소에 커피를 마시다가 연주 전에만 안 마시는 것도 너무 힘들다 보니 아예 끊어버렸다. 그렇게 커피를 끊자 이제 밤에 잠도 더 잘 오고 자연스럽게 피곤함을 느낄 수 있어서 커피를 마시지 않을 때의 느낌이 꽤나 만족스럽다. 그렇게 나는 나에게 가장 잘 맞는 식습관을 찾아서 꾸준히 실천하고 있다.

다른 사람들에게 나의 식습관을 쉽게 설명하기 위해 비건식을 좋아하는 사람이라고 나를 소개하곤 한다. 그때 사람들의 반응은 정말 천차만별이다. 어떤 친구는 언제 '정상적인' 식습관으로 돌아갈 거냐고 물었고 다른 친구는 영양의 불균형이 올 수 있다고 걱정했으며 또 다른 친구는 까다로운 식습관이라 평가하며 먹는 재미가 없다면 무슨 재미로 사냐고 말하기도 했다. 물론 대부분의 사람들은 나의 선택에 굳이 자신의 의견을 덧붙이지 않았다. 처음에는 나도 이런 얘길 들을 때 내가 왜 이런 식습관을 실천하고 있는지 이유를 말하려 했지만 점점 나의 선택을 애써 설명하지 않게 되었다. 음식에 대한 다른 사람들의 가치관은 그들의 선택이고 내 몸에 관해서는 내가 스스로 선택할 권한이 있다고 생각하기 때문이다.

식습관을 바꾸면서 내 몸과 마음에 어떤 변화가 일어나는지를 관찰하는 건 꽤 즐거운 일이다. 평소에도 채식 위주의 식생활을 유지하면서 나는 그전보다 에너지가 넘치고 피곤함도 덜 느끼게 되었다. 게다가 이 실험을 1년 정도 실천하자 비싼 레스토랑에서 맛보는 고급 코스 요리에 대한 욕심도 점차로 줄어들었다. 나도 먹는 것을 사랑하고 음식을 즐기는 미식가다. 그래서 원하는 음식을 안 먹을 때 느끼는 아쉬운 마음까지도 이렇게 줄어들 것이라 예상하지 못했다. 그런 내가 이제는 몸과 마음이 편안해지는 담백한 음식만을 찾아 다닌다. 한여름 시장에서 파는 찐 옥수수, 답답한 가슴속까지 파고드는 것 같은 시원한 수박, 달달하고 짭조름한 토마토. 이런 단순한 채소를 맛볼 때가 참 행복하다. 그래서 나는 일요일마다 장터에 가서 내 집 주변에서 재배된 제철 과일을 산다.

　식습관을 바꾸면서 가장 많이 변화한 건 사실 내 마음인 것 같다. 고기나 유제품을 먹지 않기 시작했을 때는 정서적으로 많이 지쳐 있었는데 식습관을 바꾼 이후 감정의 기복이 심하지 않고 안정적으로 유지되며 더 평화로워진 느낌을 받았다. 때로는 호랑이처럼 날뛰던 마음도 온순한 사슴으로 바뀐 듯하다. 언제나 편안해 보이는 스님들이 채식을 하는 이유도 이와 마찬가지가 아닐까? 물론 이 현상을 너무 일반화해서 말하고 싶은 생각은 없다. 식습관 외에 다른 일들도 많은 영향을 끼쳤을 거다. 하지만 나만의 건강한 식습관을 실천한 이후부터 정서적인 변화를 느낄 수 있었고 그런 변화에 큰 영향을 끼친 요인 중 하나가 식습관이라는 건 분명하다.

　위는 소화기관 중에서 가장 예민하다. 그래서 우리는 음식이 소화되는 과정을 잘 알고 있어야 음식을 섭취하는 올바른 방법도 실천할 수 있다. 위에는 두 가지 모드가 있다고 한다. 하나는 먹은 음식을 소화하기 위해 움직이는 상태이며 다른 하나는 소화를 하지 않고 멈춰 있는 상태다. 위는 마치 세탁기처럼 모든 음식을 한데 섞어서 소화시킨 다. 그런데 위에 아직 음식이 있는데 다른 음식이 더 들어 온다면 어떨까? 위는 어느 정도 소화가 된 음식과 새로 들 어온 음식을 구분하지 않는다. 그저 처음부터 모든 음식을 다시 섞고 모든 음식이 없어질 때까지 그 운동을 계속한다.

음식에 따라 다르지만 위에서 어떤 음식을 소화시키기 까지는 평균적으로 대략 3시간에서 5시간이 걸린다. 그런 데 소화를 하고 있는 중간에 또 다른 음식이 들어오면, 새 로 들어온 음식 때문에 소화 과정을 다시 거치게 된다. 결 국 이미 소화가 됐어야 할 음식이 위에서 1시간에서 2시간 더 오래 머무르는 것이다.

음식을 먹는 시간도 중요하다. 야식을 먹는 습관 때문 에 나도 모르는 사이에 내 몸이 많은 부담을 느끼고 있을지 도 모른다.

소화가 끝나지 않은 이런 음식들은 위에서 더 머물며 발효되거나 부패하면서 위장 문제를 초래하기도 하고 살이 찌는 원인이 되기도 한다. 과식을 하면 갑자기 잠이 쏟아지 거나 몸이 무겁고 피곤하게 느껴지는 건 아마 대부분의 사 람이 경험한 몸의 반응일 것이다. 그때 우리의 몸은 소화하기만도 버거운데 다른 일을 하려고 하니, 다른 몸의 기관도 파업을 해버리고 항의하는 걸지도 모른다.

소화 과정을 알게 되면서 자주 먹는 식습관이 몸에 많은 부담을 준다는 걸 이해하게 되었다. 또한 서로 궁합이 잘 맞지 않는 음식을 섭취하는 것도 대충 넘길 일이 아니라는 걸 깨달았다. 어렸을 때 나는 수박을 먹고 자주 체하곤 했는데 어쩌면 가장 소화가 빠른 수박과 기름기 있는 음식을 함께 먹었기 때문에 일어날 수밖에 없는 당연한 결과였는지도 모른다.

우리의 몸은 우리가 인지하지 못해도 언제나 열심히 일한다. 그리고 음식물을 소화하기 위해서는 우리 몸에 아주 많은 에너지를 사용해야 한다. 그래서 나는 무대에서 연주를 하는 것처럼 어떤 일에 집중력을 최대한 발휘하고 싶을 때 힘들게 음식을 소화시키는 데에 나의 에너지를 분산시키고 싶지 않았다. 그렇게 음식물 소화에 너무 많은 힘이 들어가지 않을 때 몸이 더 가볍고 정신도 더 맑아진다는 걸 몸소 체험할 수 있었다. 그래서 연주 전에 무엇을 먹는다면 그것은 연주를 하기 전까지 소화가 될 수 있는 음식이거나, 아니면 중요한 일보다 훨씬 일찍 음식을 섭취하여 내 몸이 소화에 집중할 수 있는 시간적 여유를 두는 편이다.

영양 전문가와 의사들은 단식을 통해 우리 몸을 더 좋게 변화시킬 수 있다고 이야기하곤 한다. 나는 그들이 설명하는 방법으로 단식을 해본 적은 없지만, 비교적 간단한 방식의 간헐적 단식은 실천하고 있다. 저녁을 일찍 먹고 다음 날 아침을 먹기 전까지는 아무런 음식물을 섭취하지 않는 정도로 말이다. 예를 들어 7시에 저녁을 먹었다면 다음 날 아침을 먹는 8시 전까지는 아무것도 먹지 않는다. 그렇게 13시간 정도 소화기관이 일하지 않아도 되는 완전한 휴식을 주려고 한다.

내 몸이 소화를 잘할 수 있도록 음식을 먹지 않는 충분한 시간을 확보하고 내 몸의 모든 기관이 음식물을 소화시키는 데 너무 많은 에너지를 사용하지 않도록 하는 생활 습관은 내가 해야 할 다른 중요한 일을 더 효과적으로 성취하는 데 큰 도움을 주었다.

몸에 좋지 않다는 걸 알면서도 너무나 좋아서 즐겨 먹게 되는 음식이 누구에게나 있을 것이다. 나 역시 떡볶이나 라면, 과자, 초콜릿, 빵 같은 군것질을 좋아하고 내가 좋아하는 음식을 보면 마음이 약해질 때가 많다. 나는 나를 잘 알고 있기 때문에 좋아하는 음식을 무조건 참으려 하지는 않는다. 평소에 대부분의 식사를 건강하게 하고 있다면 가끔은 좋아하는 음식을 챙겨 먹는다. 건강한 음식과 내가 좋아하는 음식의 비율을 8 대 2 혹은 9 대 1 정도로 맞추어 실천한다. 이 정도의 비율이라면 심각한 스트레스를 받지 않고 즐겨도 괜찮다.

유혹에 약하다 보니 나를 달래는 방법을 찾기 위해 다양한 방법을 강구했다. 그러던 중 좀 더 긍정적인 방향으로 나를 설득할 때 더 효과가 좋다는 걸 알게 되었다. 음식을 대할 때 '절대 먹으면 안 돼' 하며 금지하기보다는 선택의 기로에 선 나에게 이렇게 질문을 던지는 것이다. '나는 건강한 사람이다. 그렇다면 이 건강한 사람은 어떤 선택을 할까?' 이렇게 스스로를 내가 추구하는 모습을 이룬 건강한 사람이라 긍정적으로 규정할 때 선택을 내리기가 좀 더 쉬워졌다. '나는 나쁜 음식을 먹을 수 없어'라는 부정형 문장을 '나는 나쁜 음식을 먹지 않는 사람이야'라고 '나'라는 사람의 정의를 긍정적으로 전환하는 과정을 통해 나의 선택을 자연스럽게 받아들일 수 있게 되었다.

요즘에는 예전에 즐겼던 자극적인 음식들을 더 이상 좋아하지 않는다. 내가 대단한 의지력이 있어서 그런 것은 아니다. 단지 건강한 식습관으로 내 몸이 최상의 상태가 되자, 활력 넘치는 느낌을 계속 유지하기 위해 나의 입맛 또한 건강한 음식을 선호하는 일상의 습관을 만들면서 선순환을 이루었을 뿐이다.

우리의 몸과 마음, 정신은 하나의 유기체처럼 연결되어 있기 때문에 우리가 먹는 음식은 인생의 무대를 준비하는 데에 결정적인 영향을 미친다. 몸을 최상의 상태로 유지하는 데 어떤 음식이 필요한지 아는 게 중요한 이유다.

하나의 식습관이 모든 사람에게 통하는 것은 아닐 것이다. 사람마다 다른 체질과 환경 그리고 다른 문화 속에서 살아간다. 그리고 각자 선호하는 음식이 다르고 자신의 몸에 맞는 음식이 다르며 음식에 대한 자신만의 소신과 믿음이 있다. 그래서 내가 실천한 식습관이 다른 사람에게도 똑같이 통할 것이라 생각하지 않는다. 그러니 우리는 우리 몸에 꼭 맞는 자신만의 특별한 영양이 무엇인지 살피고 식습관 체계를 설립해 나가야 한다.

최상의 연주를 위해 오늘 우리는 무엇을 먹어야 할까? 몸이 우리에게 보내는 신호를 알기 위해 더 노력한다면 정답도 쉽게 알 수 있을 것이다. 단순히 유행하는 건강식을 뒤쫓는 게 아니라 스스로 어떤 식습관을 실천해 보고 몸의 변화를 느껴보는 즐거운 실험을 해보자. 이 실험은 내 몸을 향한 관심을 놓지 않아야 가능하다. 게다가 이 실험은 세상 어느 누구도 나를 대신해 줄 수 없다. 자신만이 자신이 살고 있는 유일한 몸의 주인이니까. 지금부터 자신에게 꼭 맞는 건강한 식습관을 찾기 위해 내 몸을 더 알아가고 돌보는 여정을 시작하자.

매일 나를 위한
무대를 준비하라

플루트나 바이올린처럼 악기를 가볍게 들고 다닐 수 있다면 얼마나 좋을까 늘 생각한다. 피아니스트는 자기의 악기를 연주회에 들고 다니지 못하기 때문에 연주할 때마다 매번 완전히 새로운 악기에 익숙해져야 한다. 보통 피아니스트는 콘서트 당일 연주가 시작되기 네다섯 시간 전에 처음으로 피아노를 만나게 된다. 겉으로는 화려하고 아무 문제가 없어 보이더라도 피아노 상태는 제각기 다르다. 높은 영역의 피아노 소리가 다른 영역에 비해 너무 작다거나 페달을 밟을 때마다 '끼익' 하고 작은 소리가 난다거나 피아노 건반이 너무 무겁다거나 건반의 음색이 전부 다르다거나 할 때도 있다. 한두 번은 무대 위 피아노 상태가 너무 엉망이어서 연주를 취소하고 싶었던 적도 있었다. 그럼에도 나는 마음을 다잡으며 어떤 악기를 만나더라도 그 안에서 아름다움을 만드는 게 내가 해야 할 일이라고 생각했다.

나와 친한 조율사 선생님께서는 언젠가 나에게 이런 말씀을 하셨다. 피아니스트의 진짜 직업은 나쁜 상태의 피아노 음질을 아름다운 선율로 다듬어 들려주는 것이라고 말이다. 가벼운 농담처럼 하신 말씀이지만 그 안에 진실이 숨어 있다는 걸 우리 둘 다 알고 있었다. 나쁜 상태의 피아노여도 그 피아노가 낼 수 있는 최고의 가능성을 믿고 그 안에서 완전히 새로운 아름다움을 창조했을 때 내가 마치 마법사가 된 듯한 기분을 느낀 적도 있었기 때문이다.

새로운 무대에서 새로운 피아노를 만나는 건 새로운 사람을 만나는 일과 비슷하다. 가장 큰 문제는 처음 만난 피아노와 나누는 음악적 대화를 고작 몇 시간 뒤 관객 앞에서도 진행해야 하기 때문에 악기만의 성격과 특성을 여유 있게 알아볼 시간적 여유가 없다는 점이랄까? 그런 촉박한 상황에서 내가 처음 만난 피아노와의 어색함을 빨리 깨는 방법 중 하나는 이 피아노가 내가 만난 피아노 중 가장 좋은 피아노이며 그 피아노가 나에게 무한한 가능성을 열어주는 악기라고 믿는 것이다.

그 믿음과 자신감으로 피아노를 대하면 그 피아노가 실제로는 아주 문제가 많다고 할지라도 나의 연주에 더 긍정적으로 반응하고 많은 음색을 들려주는 것 같다. 그래서 내가 피아노를 연주하면 때때로 "저 피아노 소리를 오래 들어왔는데 오늘 같은 소리는 처음 들어봐요. 도대체 뭘 하신 거예요?"라는 말을 듣는지 모른다.

피아노는 살아 있는 유기체가 아니라 나무로 만들어진 물건이다. 하지만 나에게 피아노는 언제나 나와 함께 살아온 동반자이자 생명이 있는 존재다. 나는 피아노와 이야기하고 노래하고 소통하고 내 마음을 표현한다. 또한 피아노 옆에 항상 작은 공책을 두고 피아노를 연주하며 느끼는 매일의 미묘한 변화를 기록하며 피아노와 대화한다. "오늘은 좀 불안정한 것 같은데 어떻게 하면 더 좋은 소리를 낼 수 있을까?", "오늘 소리는 특히 감정이 풍부하게 들리네. 우리 오늘 좀 더 많은 대화를 하자" 같은 것이다.

물건과 이야기를 나누는 내가 정신 나간 사람처럼 보일지도 모르겠다. 하지만 피아노는 언제나 음악으로 나에게 답을 준다. 그래서 나는 어떤 사물을 대하든지 피아노와의 대화를 통해 배운 교훈을 활용한다.

미니멀리스트의 대표 주자 곤도 마리에는 집 안의 어떤 물건이든지 자신에게 기쁨을 주는 것만 남겨둔다면 더 행복한 삶을 살아갈 수 있다고 설명한다. 나도 주변 환경이 우리 정신 세계에 아주 큰 영향을 끼친다고 생각하기 때문에 그의 주장이 참 반가웠다. 마리에가 설명하는 것처럼, 우리가 소유한 모든 물건에서 설렘을 느끼는지 생각해 보자. 만약 물건을 보고 여전히 설렌다면 그 물건은 유지하고, 만약 그렇지 않다면 이렇게 말하는 거다. "내 인생에서 지금껏 열심히 일해주고 나를 도와줘서 정말 고마워. 이제 웃으면서 너를 잘 보내줄게."

　　꼭 필요하고 좋아하는 물건으로만 주변을 가득 채우라는 그의 메시지는 어떻게 하면 내 인생을 더 행복하게 살 수 있는지를 깨닫게 하는 또 다른 길로 나를 인도했다. 우리는 어떤 물건을 살 때 단지 '저걸 가져야 행복할 것 같다'는 욕망으로 구매하는지 아니면 정말로 우리 삶에 꼭 필요하기 때문에 구매하는지 구분하기 어려운 세상을 살고 있다. 그런데 내가 가진 물건과 더 깊은 관계를 맺고 물건의 소중함을 느껴보려 했을 때 그 둘을 훨씬 더 쉽게 구분할 수 있게 되었다. 그래서 이제 나는 어떤 물건을 살 때나 물건을 버릴 때, 혹은 물건을 좀 더 갖고 있기로 결정할 때 내 의도를 더 분명하게 파악해서 결정을 내릴 수 있다. 몇 년간 한 번도 열어보지 않은 상자들, 몇 년간 사용하지 않은 물건들, 나중에 쓰게 될지도 모른다는 생각에 집에 보관하고 있는 수많은 물건처럼 본래의 목적을 잃고 쌓여만 있는 물건이 우리 삶의 공간을 차지할 때 우리 마음속에도 먼지가 쌓인다는 걸 잊지 말아야 한다.

이를 실천하기 위해 같은 종류의 물건이 두 개 있다면 그중 하나는 다른 사람에게 주거나 기부하여 미련 없이 떠나보냈다. 언젠가 사용할지도 모른다는 생각으로 자리를 차지하기만 하는 물건은 최대한 줄여갔다. 그 '언젠가'가 한 번도 오지 않은 경우가 허다하고, 찾아오더라도 너무 뜸하게 왔기 때문이다. 다시 쓸 날을 위해서 물건을 보관하면서 내 머릿속에 먼지가 쌓이게 두는 건 너무나도 어리석은 일이다.

주변 환경을 잘 정돈한다는 건 나만의 환경을 매일 잘 유지한다는 의미이기도 하다. 그래서 나는 어떤 물건이든지 그 물건이 있어야 할 장소를 지정해 두고자 한다. 간단하게 예를 들자면 집에 들어오자마자 항상 지갑이나 열쇠를 두는 곳을 정하는 것처럼 말이다. 그래서 물건을 모두 사용하고 난 후에 그 물건이 본래 자리로 돌아갈 수 있도록 정리의 시스템을 만들었다.

또한 매일 아침의 루틴처럼 나는 자고 일어난 후 침대 위 이불을 반듯하게 정돈한다. 이런 단순한 행동을 하면 정돈된 침대 옆을 잠시 지나가거나 밤에 다시 이불 속으로 들어갈 때마다 기분이 좋아진다. 별것 아닌 작은 행동인데 내 마음이 훨씬 긍정적으로 변하는 것이다. 단순하고 정돈된 공간에 있는 것만으로도 느껴지는 작은 행복감이 참 좋다.

게다가 정돈된 공간은 내 마음과 정신에 여유 공간을 늘려주고 확보된 여유 공간은 새롭고 창의적인 활동을 가능케 한다. 애플사의 CEO였던 스티브 잡스는 생전에 똑같은 색상의 티셔츠와 청바지만 입었다고 한다. 그는 삶의 어떤 부분을 극단적으로 단순화하여 창조적인 생각을 할 공간을 더 넓힐 수 있었다. 그가 실천해 온 미니멀리스트의 삶의 원칙에 나도 완전히 동감한다. 단순한 주변 환경은 다른 일을 효율적으로 생각하는 데 큰 도움을 준다. 창의력을 기르는 데에 화려하고 비싼 장식은 필요 없다. 소박하고 단순하며 깨끗하게 정돈된 환경이면 충분하다.

하루 중 내가 가장 많은 시간을 보내는 곳은 피아노가 있는 거실이다. 나는 적어도 이곳을 미니멀리스트의 철학

이 담긴 공간으로 유지하고자 노력한다. 거실에는 당연히 있을 법한 소파, 탁자, 전등, 텔레비전이 없다. 거실을 언제라도 연주회장으로 사용할 수 있도록 창고에 접이식 의자를 구비해 두었을 뿐 평소에는 거실을 빈 공간으로 남겨둔다. 이런 거실 인테리어는 내가 가장 중요하게 생각하는 피아노를 가장 넓은 공간에 두면서 더욱 그 의미를 강조하려는 의지의 표현이다. 아침에 일어나 거실에 걸어 나올 때마다 인생의 무대가 바로 시작된다. 그곳에는 내 마음을 어지럽히는 어떠한 방해물도 없다. 나에게 중요한 공간을 단순하게 비울수록 내 머릿속에는 새로운 아이디어가 샘솟을 충분한 여유 공간이 생겼고, 더욱 긍정적으로 생각하게 되었다.

내가 피아노와 대화하면서 관계를 맺어가는 것처럼, 우리 모두 원하기만 한다면 주변의 사물과 특별한 관계를 만들어갈 수 있다. 그러니 당신도 일에 더 집중하고 싶다면, 혹은 기분이 울적하다면 주변을 한번 정돈해 보자. 창문을 열고 몇 년 동안 그대로 놓여 있는 물건을 정리해 보자. 그리고 아직도 당신을 설레게 하고 기쁘게 하는 물건만 공간에 남겨보자. 그렇게 넓어진 바닥을 닦고 먼지를 털고 집

청소를 하자.

주변 환경을 깨끗하게 정돈하고 단순한 삶의 원칙을 실천하는 것만으로 하루가 완전히 달라지는 놀라운 경험을 할 수 있을 것이다. 긍정적인 기분을 선사하는 물건만 남겨 둘 때 당신도 우리의 삶이 더욱 풍성해지고 마음과 정신에는 더 새로운 것을 창조할 수 있는 공간이 확장되는 경험을 하게 될지도 모른다.

앙코르:
아름다운 연주를 절대 멈추지 말아요

　　준비한 연주의 마지막 음을 치는 그 순간을 나는 너무
나 사랑한다. 연주 내내 고조되었던 흥분이 마침내 마지막
에 도달한 그때, 모든 관객은 자리에서 일어나 큰 함성과 박
수로 그 순간을 함께 나눈다. 나는 설명할 수 없는 행복감과
환희 그리고 공연을 무사히 마쳤다는 안도감을 느끼면서
한편으로는 끝났다는 아쉬움과 슬픔에 사로잡힌다. 그리고
연주가 시작된 후 처음으로 무대 뒤로 걸어 들어간다.

　　관객들이 보내는 우레 같은 박수 소리가 무대 뒤에서
도 들린다. 관객과 나, 우리 모두는 다시 한번 음악으로 연

결되기를 갈망한다. 나는 환하게 웃으며 다시 무대로 걸어 나가 관객을 보면서 가볍게 인사를 하고 진정한 마지막 연주를 위해 피아노에 앉아 앙코르 곡을 연주한다. 준비한 모든 연주는 그렇게 끝이 난다.

무대로 나갈 때마다 지금 시작하는 이 연주가 내 인생의 마지막 연주라면 어떨까 하고 생각한다. 만약 내 인생의 마지막 연주를 한다면 내 마음에는 어떤 걱정 근심도 없을 것이다. 마지막으로 연주할 수 있음에 감사하며 그 순간의 나를 어느 때보다도 자유롭게 풀어줄 것이다. 그리고 마지막으로 음악을 함께 나눌 수 있는 이 소중한 순간을 위해 후회 없이 나의 모든 것을 바쳐서 집중하리라.

그렇게 마지막 연주에 모든 것을 쏟아낸다면, 그 순간에 온전히 집중하고 느끼고 즐기고 표현해서 최선의 연주를 할 수 있을 것이다. 내 마음은 어떤 미련도 남기지 않고 전부 표현했다는 기쁨으로 가득해질 것이다.

내 인생에서 피아노를 마지막으로 연주할 날이 언제가 될지 절대 알 수 없다. 내가 마지막이라고 상상하는 그 연주가 정말로 내 마지막일 수도 있다. 마찬가지로 이 땅에 살아가는 우리는 언제가 마지막인지 모르고 살아간다. 지금 이곳에 태어나기로 스스로 결정하지 않은 것처럼, 이 세상을 떠나는 때도 스스로 선택할 수 없다.

나는 벌써 마흔이 넘었지만, 참 우습게도 아직도 내가 피아노 학원을 혼자 걸어가던 어린 네 살처럼 느껴질 때가 있다. 어릴 때는 마흔이라는 나이가 상상이 되지 않을 정도로 많은 나이라고 느꼈는데 막상 내가 그 나이가 되고 보니 나이라는 게 참 상대적인 것이구나 하고 느낀다.

믿을 수 없는 속도로 빠르게 흘러가는 인생을 살아가며 나에게는 소망이 생겼다. 내가 숨쉬고 있는 한 내 삶을 더 탐험하고, 궁금해하고, 융통성 있게 모든 것을 받아들이며, 한없이 긍정적이고, 더 많은 사람들과 연결되고, 생각을 표현하고, 모든 순간을 사랑하고, 인생의 참모습을 그대로 느끼고 싶다. 마흔 살의 몸과 마음으로 나는 더 나은 사람이 되기 위한 노력을 절대 멈추지 않으리라 결심한다. 그래서 마지막 호흡을 내쉬는 내 인생의 마지막 순간이 왔을 때 미소 지으면서 "참 아름다운 여행이었다"라고 말하며 삶을 자유롭게 놓아줄 수 있기를 기도한다.

앞으로의 40년도 이렇게 쏜살같이 흘러가겠지만, 이 짧은 인생을 마지막 날인 것처럼 소중하게 생각하고 살아간다면 나의 몸이 쇠약해진다고 하더라도 그 안에 있는 나는 여전히 젊고 활기찬 영혼으로 존재할 수 있을 것이다. 시간은 절대로 되돌릴 수도, 멈출 수도 없다. 그렇게 모든 순간이 우리 삶의 가장 특별하고 유일한 무대가 된다.

우리는 오로지 오늘, 그리고 지금 이 순간에 어떻게 살아갈지를 선택할 수 있을 뿐이다. 여기서 중요한 건 우리가 언제나 선택을 내릴 수 있다는 것이다. 이 순간을 최대한 충실히 살아갈 것인지, 아니면 이 소중한 순간을 그냥 허비할 것인지를 우리의 의지로 선택할 수 있다. 그러니 우리는 그저 언제나 사람들과 연결되기를, 사람들을 도울 수 있기를, 더 긍정적인 태도로 살아가기를 선택하면 된다.

그렇게 나는 언제나 오늘 예정된 인생의 연주에 최선을 다할 것이다. 만약 나에게 주어진 수많은 '오늘'을 잘 살아낸다면 그것이 바로 내 인생을 잘 살아가고 있다는 의미니까.

무대 감독이 연주홀로 이어지는 문을 잡고 이렇게 말한다. "언제든 준비되면 제가 이 문을 열어드릴게요." 마음의 결심을 하고 고개를 끄덕이기만 하면, 문 너머에는 더없이 아름다운 무대가 펼쳐질 것이다.

자, 이제 당신 인생의 무대가 당신을 기다린다. 오늘은 어제보다 나은 하루를 만들 수 있는 또 다른 소중한 기회의 날이다. 이 무대에 후회라는 감정은 없다. 당신은 당신 자체로 너무나 소중하고 아름답다. 마음의 준비가 되었다면, 깊이 심호흡을 해보자. 오늘이 마지막 날인 것처럼 모든 순간을 소중하게 느끼면서 선물로 받은 아름다운 하루를 살아보자. 우리가 시간을 허비하기에는 이 찬란한 인생이 너무도 소중하다.

　이제 당신 인생의 무대로 활짝 웃으며 걸어 나가라. 그리고 따뜻한 음악의 온기를 전해줄 그 아름다운 연주를 절대로 멈추지 마라.

부산 개금동에서 뉴욕 카네기홀까지

백만 번의 상상

초판 1쇄 인쇄 2022년 7월 5일
초판 1쇄 발행 2022년 7월 13일

지은이 김지윤
옮긴이 김지윤
펴낸이 김선식

경영총괄이사 김은영
책임편집 옥다애 **디자인** 황정민 **책임마케터** 문서희
콘텐츠사업4팀장 임소연 **콘텐츠사업4팀** 황정민, 옥다애
편집관리팀 조세현, 백설희 **저작권팀** 한승빈, 김재원, 이슬
마케팅본부장 권장규 **마케팅4팀** 박태준, 문서희
미디어홍보본부장 정명찬 **홍보팀** 안지혜, 김은지, 이소영, 김민정, 오수미
뉴미디어팀 허지호, 박지수, 임유나, 송희진, 홍수경
재무관리팀 하미선, 윤이경, 김재경, 오지영, 안혜선
인사총무팀 김혜진, 황호준
제작관리팀 박상민, 최완규, 이지우, 김소영, 김진경, 양지환
물류관리팀 김형기, 김선진, 한유현, 민주홍, 전태환, 전태연, 양문현

펴낸곳 다산북스 **출판등록** 2005년 12월 23일 제313-2005-00277호
주소 경기도 파주시 회동길 490 다산북스 파주사옥 3층
전화 02-702-1724 **팩스** 02-703-2219 **이메일** dasanbooks@dasanbooks.com
홈페이지 www.dasanbooks.com **블로그** blog.naver.com/dasan_books
종이 (주)아이피피 **인쇄·제본** 갑우문화사 **코팅·후가공** 평창피앤지

ISBN 979-11-306-9209-8 (03320)